행요전' 은
뜻으로 푼 화엄경』에서
습니다.

신행

표지 글씨 '
대행 스님의
집자 集字 하였

신행요전

대한불교조계종
한마음선원

움죽거리지 않으면서도
만법을 들이고 낼 수 있는
불성의 능력을
여러분은 다 가지고 있습니다.
만물만생을 다 이끌어 줄 수 있고
먹여 줄 수 있고
먹여 주고도 되남을 수 있게끔
할 수 있는 공부는
이 마음의 공부밖엔 없습니다.

- 대행 스님 법어 -

초판 머리말

불자의 신행 생활에 있어서 가장 요긴한 예불 의식 및 수행에 기본적인 지침서가 될 만한 신행요전을 그동안 많은 신도님들께서 찾으셨지만 이에 마땅한 안내를 해드리지 못하였습니다.

이는 부처님 가르침의 요체라 할 수 있는 불교 의식문에 있어서, 그 원문이 한문으로 되어 있어 늘 상용하시는 스님들 외에는 이해하기가 어려웠고, 혹 불교 의식문의 한글화를 위하여 우리말로 풀이된 것이 있다 하여도 대개는 글자 풀이에 그친 예가 많아서 고정된 자구字句 해석을 넘어선 참뜻을 이해하기에는 많은 어려움이 있었습니다. 또한 부처님 경전에 있어서도 그 양이 아주 방대하므로 일반 불자로서는 제약된 생활 속에서 일일이 다 읽고 배우기에는 더욱이 큰 어려움이 따르기 때문이었습니다.

미력하나마 이러한 문제들을 극복하기 위한 노력으로 그간 신도회와 신행회를 비롯한 여러 신도님들의 성원과 직접 원고를 정리하여 주신 분들의 노고에 힘입어, 1년 여의 준비 끝에 본 신행요전의 출간을 보게 되었습니다. 그러나 아직도 불교 의식문의 한글화는 시도에 불과하다고 하겠습니다. 앞으로 더욱 시간을 두고 꾸준히 그러나 신중히 추진되어야 할 일이라 생각합니다. 단순히 우리말로 번역되었다고 해서 곧 한글화가 이루어졌다고 할 수는 없기 때문입니다.

이번에 다행스럽게도 대행 큰스님께서 반야심경과 천수경 그리고 예불문의 일부를 직접 법의 눈으로 살피시어 우리말로 풀어 주심으로 해서 본 신행요전이야말로 불교 의식문의 한글화에 획기적인 새 이정표를 세우는 계기가 되었다고 확신합니다.

본문 중에 『뜻으로 푼 반야심경』, 『뜻으로 푼 천수경』은 큰스님께서 우리말로 풀어주신 것입니다. 항상 수지 독송하신다면 마침내 불법 대의를 깨닫게 되시리라 믿습니다. 오직 큰스님께 감사할 따름입니다.

불자 생활에 있어서 가장 큰 덕목은 무엇보다도 신信과 행行, 즉 신행이라고 하겠습니다. 그러나 과연 어떻게 하는 것이 올바른 신행인가? 본 신행요전은 바로 이러한 물음에 대한 최상의 해답이 되기 위한 노력이었습니다. 다만 아쉬운 것은 큰스님께서 직접 풀어 주신 예불문 외에는 한글화를 완벽하게 하지 못한 점, 그리고 앞으로도 유동적인 상단 축원문은 아예 우리말 풀이를 생략한 점입니다. 차후에 완벽한 보충을 할 예정입니다. 모쪼록 본 신행요전이 신도님들과 일반 불자님들께 없어서는 안 될 신행 지침서가 되어 무상 정각을 성취하게 되시기를 발원합니다.

불기 2531년(서기1987년) 10월

서혜원 합장

개정에 부쳐

자성삼보에 귀의하오며

자기 근본에 귀의하고 마음의 등불을 밝혀 법귀의法歸依 자귀의自歸依, 법등명法燈明 자등명自燈明을 실천해 갈 수 있는 사람이야말로 진정한 불자라 할 수 있을 것입니다. 신행信行이란 부처님께서 가르쳐 주신 이러한 진리를 진실하게 믿으면서 실천하는 생활을 말합니다. 불자들의 신행 생활에 지침이 될 수 있도록 기본적인 예불 의식문과 가르침의 요체를 한데 묶어 신행요전이라고 이름하였습니다.

큰스님께서 가르치신 신행의 요체는 관법 수행으로서, 주인공이 일체 만물의 근본임을 믿고 대자유인의 삶을 살라는 것입니다. 예불을 하든 좌선을 하든 경을 읽든 일을 하든 일체가 내 근본인 주인공이 함을 믿고 물러서지 않는, 바로 생활선生活禪인 것입니다.

본 개정판은 내용에 있어서 기존 신행요전과 크게 다르지 않으나 스님께서 말씀하신 불교 용어들의 의미와 『뜻으로 푼 금강경』을 함께 실어 불자들이 항상 수지 독송할 수 있게 하였습니다. 특히 금강경은 큰스님께서 뜻으로 풀어놓으신 것을 그대로 옮겨, 읽는 이들이 유무有無가 둘 아닌 선법禪法의 진정한 뜻을 집어삼킬 수 있기를 간절히 바라는 마음입니다.

이 책과 인연 닿은 모든 불자들이 참나를 발견하고, 모든 업식과 습을 녹여 둘 아니게 보살행을 할 수 있는 대 자유인의 길을 성취하시기를 발원합니다. 무한한 밝음의 길로 이끌어 주시느라 중생과 더불어 모든 고통 함께 나누며 쉬임 없으신 일체제불의 크나큰 은혜에 감사드리며 둘 아닌 주인공 자성 삼보에 회향합니다.

불기 2552년(서기 2008년) 3월

차 례

권두법어 ······ 5
초판 머리말 ······ 6
개정에 부쳐 ······ 8

제1장 의식儀式 ······ 13
　Ⅰ. **예불 의식**禮佛儀式 ······ 15
　　1. 아침 예불 ······ 15
　　　1. 도량석道場釋 ······ 15
　　　2. 아침 종송朝禮鍾頌 ······ 15
　　　3. 다게례茶偈禮 ······ 40
　　　4. 행선축원行禪祝願 ······ 47
　　　5. 반야심경般若心經 ······ 52
　　　6. 뜻으로 푼 반야심경 ······ 54
　　2. 저녁 예불 ······ 59
　　　1. 저녁 종송夕鍾頌 ······ 59
　　　2. 오분향례五分香禮 ······ 60
　　　3. 반야심경般若心經 ······ 62
　　3. 팔상 예문八相禮文 ······ 63
　Ⅱ. **헌공 의식**獻供儀式… **사시 불공**巳時佛供 ······ 68
　　1. 천수경千手經 ······ 71
　　2. 뜻으로 푼 천수경 ······ 96

3. 삼보통청 三寶通請 122

제2장 독송 讀誦 145

Ⅰ. 무상계 無常戒 147

Ⅱ. 법성게 法性偈 156

Ⅲ. 금강반야바라밀경 金剛般若波羅密經

… 뜻으로 푼 금강경 161

제3장 수행 修行 255

Ⅰ. 부처님의 가르침 257

Ⅱ. 조사어록 274

Ⅲ. 대행 스님 법훈 289

1. 영원한 나를 찾아서 / 법어 289

2. 나온 자리에 되놓는 공부 / 관법 296

3. 계단 없는 계단 / 공부의 삼 단계 302

4. 참주인으로 사는 길 / 법문 306

제4장 불자 예절과 뜻으로 본 불교 용어 313

Ⅰ. 불자 예절 315

Ⅱ. 뜻으로 본 불교 용어 319

제5장 법회의식곡·선법가 329

Ⅰ. 법회의식곡 331

1. 삼귀의 331

2. 불교도의 노래 332

3. 한마음선원가 333

4. 청법가 334

5. 사홍서원 335
6. 산회가 336
Ⅱ. 선법가 337
1. 일체제불의 마음 337
2. 임의 소식 338
3. 부처님 오신 날도 영원한 오늘일세 339
4. 누가 하는가요? 340
5. 선종관문 알아 보세 341
6. 내 마음의 주인 342
7. 내가 없는 이름의 노래 343
8. 삼세가 둘 아닌 노래 344
9. 공심 공체 둘 아닌 노래 345
10. 그 마음 그대로 346
11. 삼세심을 전달하니 348
12. 해수관음의 빛 349
13. 푸르게 살라 350
14. 대장부 I 351
부 록 353
보왕삼매론 355
참선곡 358
본원 · 지원 주소 362
한마음선원 출간 도서 364
일러두기 367

제1장 의식 儀式

Ⅰ. 예불 의식

1. 아침 예불 15
2. 저녁 예불 59
3. 팔상 예문 63

Ⅱ. 헌공 의식

1. 천수경 71
2. 뜻으로 푼 천수경 96
3. 삼보통청 122

Ⅰ. 예불 의식 禮佛 儀式

1. 아침 예불

1. 도량석 道場釋

※ 도량석

사찰에서 하루를 시작하는 첫 의식으로, 새벽에 대중의 기상을 알리고 잠들어 있는 유정有情 무정無情의 일체 생명체들이 법음法音을 듣고 미혹함에서 깨어나게 한다는 뜻과 함께 도량을 청정하게 한다는 의미를 담고 있다. 집전하는 스님은 목탁 소리를 서서히 올렸다가 내리기를 반복한 후 법당 정문에서 시작하여 도량을 두루 돌면서 경문을 외우는데, 일반적으로 천수경, 약찬게, 법성게, 사대주, 신묘장구대다라니 등을 염송한다.

* 정구업진언에서 개법장진언까지를 염송한 후 경문을 외우며 도량을 돈다.
* 천수경 · 법성게는 본문 내용 참조

2. 아침 종송 朝禮鍾頌

※ 아침 종송

마음의 지옥고를 받는 유주有州 · 무주無州의 중생들이 번뇌가 소멸되고 미망에서 밝아지며 삼악도의 고통을 여의어 바른 깨달음을 얻기를 발원하는 내용을 담고 있다. 집전하는 스님은 도량석 목탁이 끝맺음을 할 때 이어서 종을 울린다.

종송에 대하여

대행 스님

'부처님 말씀을 종으로 비유해서 치니 그 소리를 유생 무생이 다 들어라. 죽은 세상의 중생들이나 산 세상의 중생들이나 다 이 종소리를 듣고 깨어나서 이 모든 우주 섭류의 돌아가는 이치를 똑바로 보고 똑바로 들어라.' 하고 설법을 한 것이 종송입니다. 진실로 그 종 한 번을 칠 때 정말 우주간 법계에 유주 무주를 다 한데 합쳐서 같이 울면서 종을 치는 사람이 몇몇이나 되겠습니까. 그런 사람이 쇳송을 할 때 그 사람의 마음은 온 누리에 전부 퍼지게 됩니다. 마음이 둘이 아니기 때문에 통하는 것입니다.

開 經 偈

개경게 경전을 펴는 게송

無 上 甚 深 微 妙 法

무상심심미묘법

일체 모든 부처님의 마음은 내 한마음에 깊고 깊어

百 千 萬 劫 難 遭 遇

백천만겁난조우

한 찰나에 부처님의 마음이요, 한 찰나를 몰라서 끊임없는 억겁에 끄달리네

我 今 聞 見 得 受 持

아금문견득수지

일체 모든 부처님의 마음이 내 마음이요, 듣고 보고 행하는 그 모든 것 부처님 법 아님 없어

願 解 如 來 眞 實 意

원해여래진실의

내 한마음이 바로 부처님의 법이며 생활일세

開 法 藏 眞 言

개법장진언 법장을 여는 진언

옴 아라남 아라다 (세 번)

들이고 내는 모든 것을 내 한마음에 맡겨 놓으니 거기에서 모든 것을 전부 하네

* 개경게부터 개법장진언까지는 생략하기도 한다.

願 此 鐘 聲 遍 法 界
원차종성변법계
원컨대 이 종소리 법계에 두루 하여

鐵 圍 幽 暗 悉 皆 明
철위유암실개명
철위산에 둘러싸인 깊고 어두운 무간지옥 다 밝아지고

三 途 離 苦 破 刀 山
삼도이고파도산
지옥 아귀 축생의 고통을 여의고 칼산지옥 무너지며

一 切 衆 生 成 正 覺
일체중생성정각
모든 중생 바른 깨달음 이루어지이다

南 無 毘 盧 教 主 華 藏 慈 尊 演 寶 偈
나무비로교주 화장자존 연 보게

之 金 文 布 琅 函 之 玉 軸 塵 塵 混 入
지금문 포 낭함지옥축 진진혼입

刹 刹 圓 融 十 兆 九 萬 五 千 四 十 八 字
찰찰원융 십조구만오천사십팔자

一 乘 圓 敎
일승원교

南 無 大 方 廣 佛 華 嚴 經

나무대방광불화엄경 (세 번)

第 一 偈

제일게

若 人 欲 了 知　三 世 一 切 佛

약인욕요지 삼세일체불

應 觀 法 界 性　一 切 唯 心 造

응관법계성 일체유심조 (세 번)

만일 사람이 삼세 일체 부처님을 요달해 알고자 할진댄 마땅히 법계의 성품을 관하라 일체가 오직 마음으로써 지은 것이니라

破 地 獄 眞 言

파지옥진언 지옥을 파하는 참말씀

나모 아다 시지남 삼막삼못다 구치남 옴 아자나 바바시 지리지리 훔 (세 번)

莊 嚴 念 佛
장엄염불

願 我 盡 生 無 別 念
원아진생무별념
원컨대 나는 이 생 다하도록

阿 彌 陀 佛 獨 相 隨
아미타불독상수
한마음을 홀로 서로 따라서

心 心 常 係 玉 毫 光
심심상계옥호광
마음 마음을 항상 한마음에 두며

念 念 不 離 金 色 相
염념불리금색상
생각 생각에 한마음을 여의지 아니하리다

我 執 念 珠 法 界 觀
아집염주법계관
내가 마음으로 우주 법계 관해 보니

虛 空 爲 繩 無 不 觀
허공위승무불관
허공을 끈을 삼아 꿰지 않음 없도다

平 等 舍 那 無 何 處
평등사나무하처
평등한 한마음은 어디엔들 안 계시리요만

觀 求 西 方 阿 彌 陀
관구서방아미타
삼세의 주인공을 관하면서 깨닫고자

南 無 西 方 大 敎 主
나무서방대교주
삼세의 두루 주인

無 量 壽 如 來 佛
무량수여래불
오고 감이 본래 없는 한마음에 귀의하노라

南 無 阿 彌 陀 佛
나무아미타불 (시간에 따라서 적당히 함)

極 樂 世 界 十 種 莊 嚴
극락세계십종장엄

法 藏 誓 願 修 因 莊 嚴
법장서원수인장엄
법장 비구 원을 세워 인행 닦아 장엄할 때

四 十 八 願 願 力 莊 嚴
사십팔원원력장엄
사십팔원 원력으로 장엄한 것이요

彌 陀 名 號 壽 光 莊 嚴
미타명호수광장엄
한마음의 아미타불 명호로써 무량 수명 장엄했네

三 大 士 觀 寶 像 莊 嚴
삼대사관보상장엄
세 분 스승 큰 성인네 보배 상호 장엄하며

彌 陀 國 土 安 樂 莊 嚴
미타국토안락장엄
아미타불 그 국토를 안락 장엄 이뤘나니

寶 河 淸 淨 德 水 莊 嚴
보하청정덕수장엄
구슬로 된 보배 개울 공덕수로 장엄하며

寶 殿 如 意 樓 閣 莊 嚴
보전여의누각장엄
여의주 보배들로 누각 궁전 장엄했네

晝 夜 長 遠 時 分 莊 嚴
주야장원시분장엄
낮과 밤이 아주 길어 시간 세계 장엄했고

二 十 四 樂 淨 土 莊 嚴
이십사락정토장엄
스물네 가지 기쁨으로 정토 장엄 이루었고

三 十 種 益 功 德 莊 嚴
삼십종익공덕장엄
서른 가지 이익으로 공덕 장엄 이루었네

南 無 阿 彌 陀 佛
나무아미타불

釋 迦 如 來 八 相 成 道
석가여래팔상성도
석가여래 여덟 가지 모습으로 성도함이라

兜 率 來 儀 相
도솔내의상
도솔천에서 코끼리 타고 인간계에 오시어 모태에 드시는 모습

毘 藍 降 生 相
비람강생상
사월 팔일에 룸비니동산에서 드디어 성탄하시는 모습

四 門 遊 觀 相
사문유관상
사대문을 유람하고 생의 무상을 깨달으신 모습

踰 城 出 家 相
유성출가상
이월 팔일 한밤중에 성을 넘어 출가하시는 모습

雪 山 修 道 相
설산수도상
설산에서 육 년 동안 고행하시는 모습

樹 下 降 魔 相
수하항마상
보리수 아래서 도를 깨치시고 팔만 사천 마군을 항복받으시는 모습

鹿 苑 轉 法 相
녹원전법상
녹야원에서 다섯 비구를 위하여 처음으로 설법하시는 모습

雙 林 涅 槃 相
쌍림열반상
이월 보름 사라쌍수에서 열반에 드시는 모습

南 無 阿 彌 陀 佛
나무아미타불

五 種 大 恩 銘 心 不 忘
오종대은명심불망
명심해서 잊지 말아야 할 다섯 가지 큰 은혜

各 安 其 所 國 王 之 恩
각안기소국왕지은
각각 그 처소를 편안케 하신 국가의 은혜

生 養 劬 勞 父 母 之 恩
생양구로부모지은
낳아 양육함에 수고하신 부모님의 은혜

流 通 正 法 師 長 之 恩
유통정법사장지은
바른 법 일러 주신 스승님의 은혜

四 事 供 養 檀 越 之 恩
사사공양단월지은
의식주 생활을 돌봐 주신 시주자의 은혜

琢 磨 相 成 朋 友 之 恩
탁마상성붕우지은
서로 닦고 가르쳐 준 좋은 벗의 고마운 은혜

當 可 爲 報 唯 此 念 佛
당가위보유차염불
마땅히 이 은혜를 갚기 위해 염불 발원 하옵니다

南 無 阿 彌 陀 佛
나무아미타불

極 樂 堂 前 滿 月 容
극락당전만월용
극락세계의 만월 같은 모습이여

玉 毫 金 色 照 虛 空
옥호금색조허공
한마음의 마음 광명 온 누리를 비추도다

若 人 一 念 稱 名 號
약인일념칭명호
만약 사람이 일념으로 한마음을 관한다면

頃 刻 圓 成 無 量 功
경각원성무량공
한순간에 뚜렷이 무량 공덕 이루리라

南 無 阿 彌 陀 佛
나무아미타불

三 界 猶 如 汲 井 綸
삼계유여급정륜
삼계는 마치 우물을 푸는 두레박줄과 같아서

百 千 萬 劫 歷 微 塵
백천만겁역미진
백천만 겁의 미진수를 지내도다

此 身 不 向 今 生 度
차신불향금생도
이 몸을 금생에 제도치 못한다면

更 待 何 生 度 此 身
갱대하생도차신
다시 어느 생을 기다려서 이 몸 제도할 것인가

南 無 阿 彌 陀 佛
나무아미타불

阿 彌 陀 佛 在 何 方
아미타불재하방
아미타불 어느 곳에 계시는고

着 得 心 頭 切 莫 忘
착득심두절막망
마음 안에 간직하여 간절히 잊지 말지니

念 到 念 窮 無 念 處
염도염궁무념처
생각이 다하여 생각 없는 곳에 이르면

六 門 常 放 紫 金 光
육문상방자금광
육근六根의 문에 자금광이 비치리라

南 無 阿 彌 陀 佛
나무아미타불

刹 塵 心 念 可 數 知
찰진심념가수지
세계의 가득한 티끌을 마음으로 헤아려 알고

大 海 中 水 可 飮 盡
대해중수가음진
큰 바다 가운데 물을 가히 마셔서 다하고

虛 空 可 量 風 可 繫
허공가량풍가계
허공을 가히 헤아리고 바람을 붙들어맬지라도

無 能 盡 說 佛 功 德
무능진설불공덕
부처님의 공덕은 다 능히 설할 수가 없나이다

南 無 阿 彌 陀 佛
나무아미타불

山 堂 靜 夜 坐 無 言
산당정야좌무언
산은 본래 청정하여 시비분별 끊였으며

寂 寂 寥 寥 本 自 然
적적요요본자연
적적하고 고요하여 본래부터 구족커늘

何 事 西 風 動 林 野
하사서풍동림야
어인 일로 서쪽 바람 나무숲을 흔들어서

一 聲 寒 鴈 唳 長 天
일성한안여장천
추운 기러기 한 소리로 장천에 울게 하는가

南 無 阿 彌 陀 佛
나무아미타불

圓 覺 山 中 生 一 樹
원각산중생일수
뚜렷이 깨달은 한 그루 마음의 나무

開 花 天 地 未 分 前
개화천지미분전
천지가 나뉘기 전에 꽃이 피었으되

非 青 非 白 亦 非 黑
비청비백역비흑
푸르지 않고 희지 않고 또한 검지도 아니하며

不 在 春 風 不 在 天
부재춘풍부재천
봄바람에도 있지 아니하고 하늘에도 있지 않도다

南 無 阿 彌 陀 佛
나무아미타불

靑 山 疊 疊 彌 陀 窟
청산첩첩미타굴
첩첩한 청산은 아미타불 계신 법당

滄 海 茫 茫 寂 滅 宮
창해망망적멸궁
망망한 창해는 부처님의 적멸보궁

物 物 拈 來 無 罣 碍
물물염래무가애
낱낱 물건 마음에서 오는 것 걸림이 없으니

幾 看 松 亭 鶴 頭 紅
기간송정학두홍
솔숲 속의 정자에서 학의 붉은 머리 몇 번이나 보았던고

南 無 阿 彌 陀 佛
나무아미타불

千 尺 絲 綸 直 下 垂
천척사륜직하수
한량없는 법의 그물 온 우주에 꽉 차 있어

一 波 纔 動 萬 波 隨
일파재동만파수
한생각을 냈다 하면 온 우주에 전달되네

夜 靜 水 寒 魚 不 食
야정수한어불식
밤은 고요하고 물은 차서 고기들은 먹지 않으니

滿 船 空 載 月 明 歸
만선공재월명귀
밝은 달빛만 가득 싣고 돌아가도다

南 無 阿 彌 陀 佛
나무아미타불

報 化 非 眞 了 妄 緣
보화비진요망연
보신과 화신은 참이 아니라 마침내 허망된 인연이요

法 身 清 淨 廣 無 邊
법신청정광무변
법신은 청정하여 넓어서 가이 없도다

千 江 有 水 千 江 月
천강유수천강월
천의 강에 물이 있으니 천의 강에 달 떠 있고

萬 里 無 雲 萬 里 天
만리무운만리천
만 리에 구름 없으니 만 리의 하늘이도다

南 無 阿 彌 陀 佛
나무아미타불

自 從 今 身 至 佛 身
자종금신지불신
지금의 중생신으로부터 불신에 이르도록

堅 持 禁 戒 不 毁 犯
견지금계불훼범
굳게 금계를 지켜서 훼범하지 않겠사오니

唯 願 諸 佛 作 證 明
유원제불작증명
오직 원컨대 모든 부처님은 증명하소서

寧 捨 身 命 終 不 退
영사신명종불퇴
차라리 목숨을 버릴지라도 마침내 물러나지 않으리다

南 無 阿 彌 陀 佛
나무아미타불

世 尊 當 入 雪 山 中
세존당입설산중
세존이 설산 가운데 들어감을 당하야

一 坐 不 知 經 六 年
일좌부지경육년
한 번 앉아 여섯 해가 지남을 알지 못했네

因 見 明 星 云 悟 道
인견명성운오도
샛별 봄으로 인하여 도를 깨치셨으니

言 詮 消 息 遍 三 千
언전소식변삼천
말씀하신 소식이 삼천대천세계에 두루 하도다

南 無 阿 彌 陀 佛
나무아미타불

我 昔 所 造 諸 惡 業
아석소조제악업
아득히 먼 옛날부터 내가 지은 모든 악업

皆 由 無 始 貪 瞋 痴
개유무시탐진치
크고 작은 그것 모두 탐진치로 생기었고

從 身 口 意 之 所 生
종신구의지소생
몸과 입과 뜻을 따라 무명으로 지었기에

一 切 我 今 皆 懺 悔
일체아금개참회
나는 지금 진심으로 참회하고 비옵니다

南 無 阿 彌 陀 佛
나무아미타불

天 上 天 下 無 如 佛
천상천하무여불
천상천하에 부처님 같은 분이 다시 없고

十 方 世 界 亦 無 比
시방세계역무비
시방세계에 비교할 데가 다시 없네

世 間 所 有 我 盡 見
세간소유아진견
세상천지를 내가 다 보아도

一 切 無 有 如 佛 者
일체무유여불자
도무지 부처님 같은 분이 없네

南 無 阿 彌 陀 佛
나무아미타불

罪 無 自 性 從 心 起
죄무자성종심기
죄는 본래 자성 없고 마음 따라 일어나니

心 若 滅 時 罪 亦 亡
심약멸시죄역망
마음 만일 없어지면 죄업 또한 스러지네

罪 亡 心 滅 兩 俱 空
죄망심멸양구공
죄와 망심 모두 놓아 마음 모두 공하여야

是 卽 名 爲 眞 懺 悔
시즉명위진참회
이를 일러 이름하여 진실한 참회라 하네

南 無 阿 彌 陀 佛
나무아미타불

四 大 各 離 如 夢 中
사대각리여몽중
사대 각각 흩어지는 것 꿈 가운데 일 같고

六 塵 心 識 本 來 空
육진심식본래공
육진 심식이 본래 공한지라

欲 識 佛 祖 回 光 處
욕식불조회광처
부처와 조사가 전하신 뜻 알고자 할진댄

日 落 西 山 月 出 東
일락서산월출동
서산에 해 지자 동쪽에 달이 뜨도다

南 無 阿 彌 陀 佛
나무아미타불

地 獄 途 中 受 苦 衆 生
지옥도중수고중생
지옥고 받는 중생들을 제도하며

餓 鬼 途 中 受 苦 衆 生
아귀도중수고중생
아귀고 받는 중생들을 제도하며

畜 生 途 中 受 苦 衆 生
축생도중수고중생
축생고 받는 중생들을 제도하며

修 羅 傍 生 途 中 受 苦 衆 生
수라방생도중수고중생
수라방생고 받는 중생들을 제도하며

門 此 鐘 聲 離 苦 得 樂
문차종성이고득락
이 종소리 듣고 고를 여의어 낙을 얻도다

南 無 阿 彌 陀 佛
나무아미타불

願 共 法 界 諸 衆 生
원공법계제중생
원컨대 법계의 모든 중생이

同 入 彌 陀 大 願 海
동입미타대원해
같이 미타 대원 바다에 들어가서

盡 未 來 際 度 衆 生
진미래제도중생
미래제가 다하도록 중생을 제도하여

自他一時成佛道
자타일시성불도

자타가 일시에 불도 이루어지이다

南無阿彌陀佛
나무아미타불

阿彌陀佛本心微妙眞言
아미타불본심미묘진언

다냐타 옴 아리다라 사바하 (세 번)

南無 西方淨土 極樂世界 三十六萬
나무 서방정토 극락세계 삼십육만

億 一十一萬九千五百 同名同號 大
억 일십일만구천오백 동명동호 대

慈大悲 阿彌陀佛 南無 西方淨土
자대비 아미타불 나무 서방정토

極樂世界 佛身長廣 相好無邊 金色
극락세계 불신장광 상호무변 금색

光明 遍照法界 四十八願 度脫衆生
광명 변조법계 사십팔원 도탈중생

不可說 不可說轉 不可說 恒河沙

불가설 불가설전 불가설 항하사

佛刹微塵數 稻麻竹葦 無限極數

불찰미진수 도마죽위 무한극수

三百六十萬億 一十一萬 九千五百

삼백육십만억 일십일만 구천오백

同名同號 大慈大悲 我等導師 金色

동명동호 대자대비 아등도사 금색

如來 阿彌陀佛

여래 아미타불

願以此功德 普及於一切 我等與衆

원이차공덕 보급어일체 아등여중

生 當生極樂國 同見無量壽 皆共

생 당생극락국 동견무량수 개공

成佛道

성불도

3. 다게례 茶偈禮

※ 다게

새벽 예불시 부처님 전에 촛불을 켜고 향을 피운 후 청정수를 올릴 때 그 물을 감로다甘露茶로 변화시켜 불佛·법法·승僧 삼보三寶께 올린다는 의미를 담고 있다.
사찰마다 조금씩 다르나 일반적으로는 아침 예불시 청정수를 올리고 다게茶偈를 하며 저녁 예불에는 오분향게五分香偈와 헌향진언獻香眞言을 한다.

※ 칠정례

예불문은 불佛·법法·승僧 삼보三寶에 귀의함을 의례화儀禮化한 것으로, 다게茶偈나 오분향게五分香偈를 한 후 일곱 번의 예를 올리게 되므로 칠정례七頂禮라고 한다.

예불을 모실 때

대행 스님

우리가 법당에 가면 부처님 형상이 내 형상이요, 부처님 마음이 내 마음이요, 부처님 생명이 내 생명이요, 근본 자체가 둘이 아닙니다. 그리고 향 한 개비를 켜 놓는 것도 내가 아주 밝고 아름다운 마음, 밝게 착한 마음을 내는 그 자체가 바로 향입니다. 더함도 덜함도 없는 마음을 일으키는 그 자체가 바로 향을 피우는 것입니다.

그러니 여러분이 법당에 가서도 항상 내 마음과 부처님의 그 뜻을 같이 한마음으로 뭉쳐서 둥글게 놓고 예배를 올리고 지극하게 초를 켜고, 그 초는 밝은 마음을 비유하는 거니까 말입니다. 또 맑은 물을 한 그릇 떠 놓는 것은 바로 지혜입니다. 지혜로운 마음을 말하는 것입니다. 그러니 예불을 올리든지 뭐든지 하나도 마음 빼놓고는 없습니다.

그렇게 해서 저 부처님과 우리들 마음의 주인공 뿌리와 둘이 아니게 끌어잡아 당겨서 내 주인공에다 놓고 삼 배를 올리는 것입니다. 부처님의 한마음을 내 마음으로 통하게끔 하나로 놓고 전체를 둥굴려서 일 배를 할 수 있다면 그것이 몸만 움직이는 만 배보다 낫다는 생각입니다. 칠정례도 다 똑같습니다. 그래서 이것을 시공時空이 없는 도리라고 하는 것입니다.

다게 茶偈

우주 개공을 생수 한 그릇으로 올리나이다

我 今 淸 淨 水 變 爲 甘 露 茶

아금청정수 변위감로다

제가 오늘 일체 만물만생들을 물 한 그릇에 담아 놓듯 찰나찰나 화하여서 나투는 온 세상을 한마음에 담아 올리나이다

奉 獻 三 寶 前 願 垂 哀 納 受
봉헌삼보전 원수애납수 (拜)

願 垂 哀 納 受 願 垂 慈 悲 哀 納 受
원수애납수 (拜) 원수자비애납수 (拜)

밝고 밝은 한마음이시여, 앞으로도 바라건대 공생 공심 공용 공체로서 서로서로 베풀면서 사는 마음임을 알게 하소서

칠정례 七頂禮

至 心 歸 命 禮 三 界 導 師 四 生 慈 父
지심귀명례 삼계도사 사생자부

是 我 本 師 釋 迦 牟 尼 佛
시아본사 석가모니불 (拜)

제 마음을 다 바쳐서 삼계의 길잡이로 사생자부 하리이다
지금 나의 근본은 바로 나의 스승이니 석가모니불이라

至 心 歸 命 禮 十 方 三 世 帝 網 刹 海
지심귀명례 시방삼세 제망찰해

常 住 一 切 佛 陀 耶 衆
상주일체 불타야중 (拜)

제 마음을 다 바쳐서 시방 삼세 주인으로 걸림 없는 침착한 지혜로 온 누리에 항상하여 함이 없이 떳떳하니 불타야중이니라

至心歸命禮 十方三世 帝網刹海
지심귀명례 시방삼세 제망찰해

常住一切 達磨耶衆
상주일체 달마야중 (拜)

제 마음을 다 바쳐서 이 세상에 사람으로 걸림 없는 지혜로 온 누리에 항상한 진리를 통달하여, 한생각에 일체를 제도하시니 달마야중이니라

至心歸命禮 大智文殊舍利菩薩
지심귀명례 대지문수사리보살

大行普賢菩薩 大悲
대행보현보살 대비

觀世音菩薩 大願本尊
관세음보살 대원본존

地藏菩薩摩訶薩
지장보살마하살 (拜)

한마음의 지혜는 글 문이나 벽이 없이 보살피는 대행을 두루 한 보현보살이니, 한마음의 자비로 세상을 관해 보시며 말없이 보

살피시어 대원을 세움도 마음의 근본이라, 마음의 근본은 근본을 존경하는 마음 속 깊이 계시기에 일체가 마음 근본을 존경하며, 근본 마음은 일체 만물만생과 더불어 내 몸도 보살핌이니 보살마하살이니라

至心歸命禮 靈山當時 受佛付囑
지심귀명례 영산당시 수불부촉

十大弟子 十六聖 五
십대제자 십육성 오

百聖 獨修聖 乃至
백성 독수성 내지

千二百諸大阿羅漢
천이백제대아라한

無量慈悲聖衆
무량자비성중 (拜)

제 마음을 다 바쳐서, 영원히 둥글어 끝이 없는 한마음 깊이 자부慈父를 받들어 밝히니, 시방의 한마음은 내 부모 내 형제 내 제자 아님이 없고, 시방에 육신과 마음이 공한 한마음, 스스로 청정하게 끝없이 이루니 천이백 분이 모두 큰 한 경지를 이루시어 한마음의 능력으로 끝간 데 없이 무량한 자비를 베푸시니 일체 중생을 거두심이라

至心歸命禮　西乾東震　及我海東
지심귀명례　서건동진　급아해동

歷代傳燈　諸大祖師
역대전등　제대조사

天下宗師　一切微塵數
천하종사 일체미진수

諸大善知識
제대선지식 (拜)

동서가 둘 아닌 한마음의 찰나찰나 나툼은 지혜로운 마음에 광력의 밝음을 끝없이 밝히심이니 마음의 등불 전하여 눈뜨게 하사이다
작은 생명들이 모여 큰사람 되어 늙었으니 스승이라 천하가 합하여 우뚝 솟아 공을 이루니, 한마음의 소리는 두루 높아 모두 온 게 없기에 갈 것도 없이 그대로 대심大心 내어서 선지식이니라

至心歸命禮　十方三世　帝網刹海
지심귀명례　시방삼세　제망찰해

常住一切　僧伽耶衆
상주일체　승가야중 (拜)

제 마음을 다 바쳐서 한마음의 지혜로운 통찰력으로 법망에 걸림 없이 찰나찰나 일체 시방 삼세 다스리기에 승가야중이니라

唯 願　無 盡 三 寶　大 慈 大 悲　受 我 頂 禮
유원 무진삼보 대자대비 수아정례

冥 熏 加 被 力　願 共 法 界 諸 衆 生　自 他
명훈가피력 원공법계제중생 자타

一 時 成 佛 道
일시성불도

오직 원하건대, 한마음은 삼세의 보배이며 큰 사랑 큰 자비의 뜻을 받들어 바른 마음으로 어두움을 깨고 얼음을 녹이는 가피력도 한마음이니, 온 법계 모든 중생 스스로 다같이 성불하여 길 없는 길 두루 하사이다

4. 행선축원 行禪祝願

※ 행선축원

예불시 부처님 전에 나라와 백성이 평안하기를 기원하고 자신의 근본을 깨치고자 하는 정진에 물러섬이 없기를 다짐하고 발원하는 의식

朝 夕 香 燈 獻 佛 前

조석향등헌불전

조석으로 향과 등불 불전에 올려서

歸 依 三 寶 禮 金 仙

귀의삼보예금선

삼보 전에 귀의하여 부처님께 예배하노니

國 界 安 寧 兵 革 消

국계안녕병혁소

국계는 안녕하고 병혁은 녹아져서

天 下 太 平 法 輪 轉

천하태평법륜전

천하가 태평하여 법륜을 굴리게 하소서

願 我 世 世 生 生 處

원아세세생생처

원컨대 저희로 하여금 세세생생 나는 곳마다

常 於 般 若 不 退 轉
상어반야불퇴전
언제나 반야의 큰 지혜로부터 물러나지 않게 하사

如 彼 本 師 勇 猛 智
여피본사용맹지
석가모니 부처님의 용맹한 지혜를 얻게 하오며

如 彼 舍 那 大 覺 果
여피사나대각과
노사나 부처님의 큰 깨달음을 얻게 하여지이다

如 彼 文 殊 大 智 慧
여피문수대지혜
문수보살과 같은 큰 지혜

如 彼 寶 賢 廣 大 行
여피보현광대행
보현보살의 광대한 원행

如 彼 地 藏 無 邊 身
여피지장무변신
지장보살님의 끝없는 몸

如 彼 觀 音 卅 二 應
여피관음삼이응
관세음보살님의 삼십이응신을

十 方 世 界 無 不 現
시방세계무불현
시방세계 어디든지 마음대로 나투어서

普 令 衆 生 入 無 爲
보령중생입무위
널리 중생들을 무위도에 이끌게 하소서

聞 我 名 者 免 三 途
문아명자면삼도
나의 이름 듣는 이는 삼악도의 괴로움 여의고

見 我 形 者 得 解 脫
견아형자득해탈
나의 형상 보는 이는 다 해탈을 얻게 하소서

如 是 教 化 恒 沙 劫
여시교화항사겁
이와 같이 교화하여 무량토록 제도하여

畢 竟 無 佛 及 衆 生
필경무불급중생
필경 부처 중생 없는 세계 이뤄지이다

十 方 施 主 願 成 就
시방시주원성취
모든 시주자들의 원이 이루어지고

時 會 大 衆 各 伏 爲
시회대중각복위
지금 모인 대중들이 엎드려 바라옵건대

先 亡 父 母 往 極 樂
선망부모왕극락
돌아가신 부모님은 왕생극락 하옵시고

現 存 師 親 壽 如 海
현존사친수여해
살아 계신 스승님과 부모님은 장수하옵시며

法 界 哀 魂 離 苦 趣
법계애혼이고취
법계의 애혼들은 삼악도를 여읠지이다

山 門 肅 靜 絕 悲 憂
산문숙정절비우
산문은 고요하여 슬픔 근심 끊어지고

寺 內 災 殃 永 消 滅
사내재앙영소멸
도량 안의 모든 재앙 영원히 소멸되며

土 地 天 龍 護 三 寶
토지천룡호삼보
한마음의 능력으로 삼보를 보호하시고

山 神 局 司 補 禎 祥
산신국사보정상
한마음의 광명으로 도량 안을 밝게 하소서

蠢 動 含 靈 登 彼 岸
준동함령등피안
꿈틀거리는 미물까지 피안으로 올라오게 하시고

世 世 常 行 菩 薩 道
세세상행보살도
세세생생 언제든지 보살도를 행하며

究 竟 圓 成 薩 婆 若
구경원성살바야
구경에는 일체 종지 다 이루고

摩 訶 般 若 波 羅 密
마하반야바라밀
큰 지혜 완성하여지이다

南 無 釋 迦 牟 尼 佛 南 無 釋 迦 牟 尼 佛
나무 석가모니불 나무 석가모니불

南 無 是 我 本 師 釋 迦 牟 尼 佛
나무 시아본사 석가모니불

5. 반야심경 般若心經

摩訶般若波羅密多心經
마하반야바라밀다심경

觀自在菩薩 行深般若波羅密多時 照見
관자재보살 행심반야바라밀다시 조견

五蘊皆空 度一切苦厄 舍利子 色不異空
오온개공 도일체고액 사리자 색불이공

空不異色 色卽是空 空卽是色 受想行識
공불이색 색즉시공 공즉시색 수상행식

亦復如是 舍利子 是諸法空相 不生不滅
역부여시 사리자 시제법공상 불생불멸

不垢不淨 不增不減 是故 空中無色 無
불구부정 부증불감 시고 공중무색 무

受想行識 無眼耳鼻舌身意 無色聲香味
수상행식 무안이비설신의 무색성향미

觸法 無眼界 乃至 無意識界 無無明 亦
촉법 무안계 내지 무의식계 무무명 역

無無明盡 乃至 無老死 亦無老死盡 無
무무명진 내지 무노사 역무노사진 무

苦集滅道 無智亦無得 以無所得故
고집멸도 무지역무득 이무소득고

菩 提 薩 埵　依 般 若 波 羅 密 多 故　心 無 罣 碍
보리살타 의반야바라밀다고 심무가애

無 罣 碍 故　無 有 恐 怖　遠 離 顚 倒 夢 想　究 竟
무가애고 무유공포 원리전도몽상 구경

涅 般　三 世 諸 佛　依 般 若 波 羅 密 多 故　得 阿
열반 삼세제불 의반야바라밀다고 득아

耨 多 羅 三 藐 三 菩 提　故 知　般 若 波 羅 密 多
뇩다라삼먁삼보리 고지 반야바라밀다

是 大 神 呪　是 大 明 呪　是 無 上 呪　是 無 等 等
시대신주 시대명주 시무상주 시무등등

呪　能 除 一 切 苦　眞 實 不 虛　故 說 般 若 波 羅
주 능제일체고 진실불허 고설반야바라

密 多 呪　卽 說 呪 日
밀다주 즉설주왈

揭 諦 揭 諦　波 羅 揭 諦　波 羅 僧 揭 諦　菩 提
「아제아제 바라아제 바라승아제 모지

娑 波 訶
사바하」 (세 번)

6. 뜻으로 푼 반야심경

– 대행 스님 –

두루 차고 깊은 지혜
한마음은 밝았으니
저 세상과 이 세상을 두루 살펴
자재로이 행하시는 한마음이
죽은 세상 산 세상 한데 비추어 보시니

모든 중생들은 본래부터
공생·공심·공용·공체·공식 하며
고정됨이 없이 나투고 화하여 돌아가건만
그것을 몰라서
일체 고苦의 길을 걷나니라

사리자여,
물질과 마음이 다르지 않고
마음은 모든 물질적 현상과 다르지 않나니
모든 물질적 현상은
곧 한마음으로 좇아 있나니라
느끼는 생각과 행하는 의식도

또한 둘이 아니어서
이와 같나니라

사리자여,
우주 생명과 모습은
본래 생겨났다 없어졌다 함도 없으며
더러운 것도 깨끗한 것도 없으며
늘지도 줄지도 않느니라

이런고로
고정됨이 없는 차원의 물질도
둘이 아닌 까닭에 없나니
감각 · 지각 · 의지적 행동 · 인식 작용도
따로 없느니라

눈 · 귀 · 코 · 혀 · 몸 · 뜻도
따로 고정됨이 없으며
형상 · 소리 · 냄새 · 맛 · 감촉 · 법도
따로 고정됨이 없으며
보이는 세계와 의식세계까지도

따로 고정됨이 없느니라

죽지 않는 것도 죽는 것도
또한 둘이 아닌 고로 없으며
늙고 죽음도 없고
또한 늙고 죽음이 다함까지도 없느니라

온갖 괴로움의 원인과
괴로움을 벗어나는 방법까지도 없으므로
지혜도
깨달음도
얻을 바가 없으니
없는 까닭은
일체 고정된 것이 없이
화化하여 찰나찰나 나투는 까닭이니라

자유인의 한마음은
깊은 무無의 세계에 회전하며
일체 걸림이 없느니라
마음에 걸림이 없는 고로

두려움이 없으며
뒤바뀐 헛된 꿈 같은 생각을 떠나서
본래부터 영원한 밝음의
구경에 이르렀나니라

과거
현재
그리고 미래의 모든 부처님들도
이 마음자리를 깨달아
가장 높고 밝은 지혜를 얻어
생사를 초월하고
자유자재의 경지를 성취하셨나니

마땅히 알라
깊은 미지의 지혜로운 한마음이야말로
가장 신비하고
가장 밝고
가장 높고
가장 당당한
위없는 심경이므로

이 깊은 미지의 주문은 진실하여
허망치 않음을 알라
일체 고난에서 벗어나리라

이에
깊은 한마음을 깨닫는
주문을 설하노니

발 없는 발로 길 없는 길을
어서어서 벗어나세
우리 함께 벗어나세
이승 저승 없는 마음
어서어서 벗어나세
한마음의 깨달음은
그대로 여여하게 밝았으니
「우리 함께 어서어서 벗어나세」 (세 번)

2. 저녁 예불

1. 저녁 종송 夕鍾頌

※ 저녁 종송

저녁 예불 전에 다섯 번을 타종하면서 송頌하는 의식으로, 일체의 번뇌를 끊고 보리심을 내어 삼계를 벗어나 성불하여 모든 중생을 구제하기를 발원하는 내용을 담고 있다.

聞 鐘 聲 煩 惱 斷
문종성번뇌단 이 종소리 들어 일체 번뇌를 끊고

智 慧 長 菩 提 生
지혜장보리생 지혜를 길러 보리심 내며

離 地 獄 出 三 界
이지옥출삼계 지옥을 여의고 삼계를 벗어나

願 成 佛 度 衆 生
원성불도중생 원컨대 성불하여 일체 중생 제도 하여지이다

破 地 獄 眞 言
파지옥진언 지옥을 파하는 진실한 말씀

옴 가라지야 사바하 (세 번)

2. 오분향례 五分香禮

※ 오분향례

오분향례는 부처님께 향을 공양하고 예를 올리는 의식으로, 계향 정향 혜향 해탈향 해탈지견향의 오분향게五分香偈를 독송하고 칠정례를 올린다. 오분향이란 여러 단계의 수행을 거쳐 얻을 수 있는 오분법신五分法身의 경지를 향에 비유하여 이르는 말로 이 오분법신에 예를 올리며 모두가 깨달음에 이르고자 하는 서원을 담고 있는 것이 오분향례이다. 오분법신례五分法身禮, 오분법신향례五分法身香禮라고도 한다.

오분향에 대하여

대행 스님

부드러운 말과 부드러운 행동으로 모든 것을 자기 탓으로 돌리면서 항상 감사함을 느끼고 돌아가는 것이 이름해서 계향戒香이며, 그 깊은 내면세계를 떠나지 않고 물러서지 않는 그 마음이 바로 정향定香이며, 모든 것을 놓고 놓아 가면서 지혜로운 마음으로 내면세계와 물질세계를 양면을 따로 보지 않고 같이 관찰하면서 체험하면서 돌아가는 것이 혜향慧

香, 만물만생이 무명에 묶인 것을 푸는 것이며 벗어나서 밝은 마음으로써 여여하게 다스리며 나아가는 것이 해탈향解脫香이며, 걸림이 없이 구족하여 조건 없는 자비로써 일체 만물만생들에게 응신應身으로 나투어 보답하는 것이 해탈지견향解脫知見香입니다.

오분향게 五分香偈

戒 香
계향 계율 향

定 香
정향 정심 향

慧 香
혜향 지혜 향

解 脫 香
해탈향 내가 죽어 벗어날 향

解 脫 知 見 香
해탈지견향 나와 더불어 일체 죽어 벗어나 밝은 향

光明雲臺 周遍法界 供養十方 無量
광명운대 주변법계 공양시방 무량

佛法僧
불법승

마음의 광명은 두루 비추고 주처에 두루 법은 단호한 법,
공심·공양은 시방에 함이 없이 헤아림이니 불법승이라

獻香眞言
헌향진언 헌향의 진실한 말씀

옴 바아라 도비야 훔 (세 번)

진정 그 말씀을 따르리라

3. 반야심경 般若心經

* 52쪽 참고

3. 팔상 예문 八相禮文

※ 팔상 예문

석가모니 부처님의 생애를 여덟 기간으로 나눈 팔상성도八相成道의 뜻을 기리는 예불문으로, 부처님께서 탄생하신 사월 초파일의 아침 예불이나 관불 의식灌佛儀式의 예참禮懺시에 한다

영원한 오늘, 부처님오신날

대행 스님

우리가 관觀한다는 것은 부처님께서 항상 찰나찰나에 내 마음에 들고나신다는 말입니다. 들고나시는 줄 모르게 들고나신다, 부처님께서는 나고 듦이 없이 나고 드신다 이런 뜻입니다. 그렇기 때문에 날마다 일 초 일 초도 그냥 지나지 않고 항상 항상 부처님오신날입니다. 과거도 미래도 현재도 한데 합쳐서 항상 그날이 그날, 오늘이 오늘, 영원히 그 인연의 줄을 끊지 않고 항상 오시고 가심이 없이 오시고 가시는 것입니다. 여러분이 계시기 때문입니다. 여러분이 부처님이 계시다는 것을 알기 때문입니다. 여러분이 그렇게 관하시기 때문입니다.

그래서 여러분이 오로지 내 불성을 진짜로 믿는다 할 때, 오로지 내 불성을 내가 지킨다, 믿는다, 진짜로 믿는다 할 때 정定에 드는 것이 됩니다. 그러면 오로지 그 정에다 놓고 모

든 것을 들이고 내는 그 자체가 바로 생활이자 수행입니다. 여러분 지금 생활하는 데에 일거수일투족 모두 들이고 내고 하는 것이 부처님 법이자 여러분의 법입니다.

그러니 부처님오신날은 등을 켜더라도 아주 정성스럽게, 돈이 없어서 조금만 냈다 해도 생각은 크게 할 수 있지 않습니까. 등은 요만해도 마음은 이 우주에 닿게끔 같이 할 수 있는 그런 계기를 가지라는 뜻을 지닌 날입니다.

다게 茶偈

我今清淨水 變爲甘露茶
아금청정수 변위감로다

奉獻三寶前 願垂哀納受
봉헌삼보전 원수애납수 (拜)

願垂哀納受 願垂慈悲哀納受
원수애납수 (拜) **원수자비애납수** (拜)

至心歸命禮 三界導師 四生慈父
지심귀명례 삼계도사 사생자부

是我本師 釋迦牟尼佛
시아본사 석가모니불 (拜)

至心歸命禮 兜率來儀相 是我本師
지심귀명례 도솔내의상 시아본사

釋迦牟尼佛
석가모니불 (拜)

至心歸命禮 毘藍降生相 是我本師
지심귀명례 비람강생상 시아본사

釋迦牟尼佛
석가모니불 (拜)

至心歸命禮 四門遊觀相 是我本師
지심귀명례 사문유관상 시아본사

釋迦牟尼佛
석가모니불 (拜)

至心歸命禮 踰城出家相 是我本師
지심귀명례 유성출가상 시아본사

釋迦牟尼佛
석가모니불 (拜)

至心歸命禮 雪山修道相 是我本師
지심귀명례 설산수도상 시아본사

釋迦牟尼佛
석가모니불 (拜)

至心歸命禮 樹下降魔相 是我本師
지심귀명례 수하항마상 시아본사

釋迦牟尼佛
석가모니불 (拜)

至心歸命禮 鹿苑轉法相 是我本師
지심귀명례 녹원전법상 시아본사

釋迦牟尼佛
석가모니불 (拜)

至心歸命禮 雙林涅槃相 是我本師
지심귀명례 쌍림열반상 시아본사

釋迦牟尼佛
석가모니불 (拜)

至心歸命禮 十方三世 帝網刹海
지심귀명례 시방삼세 제망찰해

常住一切 佛陀耶衆
상주일체 불타야중 (拜)

至心歸命禮 十方三世 帝網刹海
지심귀명례 시방삼세 제망찰해

常住一切 達磨耶衆
상주일체 달마야중 (拜)

至心歸命禮 十方三世 帝網刹海
지심귀명례 시방삼세 제망찰해

常住一切 僧伽耶衆
상주일체 승가야중 (拜)

唯願 無盡三寶 大慈大悲 受我頂禮
유원 무진삼보 대자대비 수아정례

冥熏加被力 願共法界諸衆生 自他
명훈가피력 원공법계제중생 자타

一時成佛道
일시성불도

Ⅱ. 헌공(獻供) 의식(儀式) …… 사시(巳時) 불공(佛供)

※ 헌공 의식

불교의 의식은 제불보살님들께 예경을 드리는 예불 의식과 부처님의 가르침을 듣는 법회 의식, 돌아가신 분들을 위해 설법하는 천도 의식 등이 있는데 그 중에서도 헌공 의식은 부처님 전에 불자들의 신심信心과 정성을 표현하는 방편으로써 불교의 명절, 입재식, 또는 신행 생활 중 특별한 계기가 있을 때 공양물이나 꽃 · 향 · 초 등을 올리는 의식을 이른다. 보통 사시 불공 때 이루어지며 천수경을 독송한 후 삼보통청을 한다.

공양을 올리는 뜻, 육법공양 六法供養

대행 스님

우리가 벗어나려면 어떻게 해야 다 벗어날 수 있겠습니까. 내가 항상, 사람은 공생 共生이면서 공심 共心이고, 공심이면서 공체 共體고, 공체면서 공용 共用이고, 공용이면서 공식 共食하고 있다고 하지 않습니까? 그러니까 부처님을 생각하는 것도 공심으로 해야 공덕을 받죠. 공심이 아니라면 공덕이 안되죠. 그래서 공양이에요. 꽃공양 향공양, 모두가 공양인 것입니다.

여러분이 초공양을 올리는 뜻은, 이 초가 불을 켜면서 자기 모습을 태우듯이, 그렇게 하면서 마음의 촛불을 켜기 때문에 모든 업보와 인과성, 유전성 또 영계성, 세균성 이 모두가 다 소멸된다는 뜻입니다. 그러니 초를 켜는 것은 내 마음의 불을 켜는 것을 방편상 보이게끔 하는 것이니 둘이 아니다라는 얘기죠.

그렇게 초를 켜서 무명을 다 사르고 나면 향공양을 올려서 두루 향내음이 날 때 비로소 향내음으로써 공식共食을 삼는다. 즉, 양식을 삼는다는 뜻입니다. 이 공식이란 건 전체 하나도 빼놓지 않고 양식을 삼는다는 말입니다. 이것을 우리가 공양이라고 합니다.

꽃은 예뻐서만 갖다 놓는 게 아니라 마음의 꽃을 올리는 것입니다. 마음으로 상징이 되는 것이 꽃입니다. 두루 한다는 뜻이죠. 꽃공양을 올린다는 것은, 마음의 꽃을 피워서 이 한 단계가 넘어가면 열매를 맺는 모습, 즉 이 우리 몸뚱이를 나무라고 한다면 제 나무에서 스스로 무르익은 과실은 일체 중생이 먹고도 남는다는 뜻이 있습니다.

떡공양은, 모가 나지 않은 둥근 떡을 올릴 때는 떡이 그냥 떡이 아니고 우리가 지금 지구의 공기주머니에 들어서 한 치도 벗어날 수 없듯이 모두가 같이 하고 있다는 뜻입니다. 모든 것이 둥글게 그냥 떡 하나라는 말입니다. 그래서 둘로 보지 말라. 너의 생명같이 생각하라. 너의 모습같이 생각하라. 너의 아픔같이 생각하라. 너가 배고픈 것같이 생각해라. 또 내 부모와 같이 생각하라. 내 자식과 같이 생각하라. 내 형제와 같이 생각하라. 이 전부 둘 아닌 도리, 즉 말하자면 공생共生이며 공심共心이며 공체共體며 공용共用이니 공식共食으로 이렇게 전부 두루 한다는 뜻입니다.

다기물을 올리는 것은, 다기는 조그마한 그릇의 물 하나지마는 부처님께 올리는 다기는 큰 바다와 같은 겁니다. 요만한 그릇의 다기물 한 그릇이 큰 바다가 돼서 어떠한 물이든지 모든 것이 다 바다에 한데 합쳐져서 수증기로 올라가서 정화를 해서 다시 내려온다면 요만한 풀 한 포기도 안 먹여 살리는 게 없습니다. 작으면 작은 대로 크면 큰 대로 그렇게 먹일 수 있느니라 하는 뜻으로 올리는 것입니다.

공양미로 밥을 해서 공양을 올리는 그것도 한 공양입니다. 떡 하나를 가지고 지구 하나다, 이래도 되고 밥 한 그릇을 가지고도 지구 하나다, 우주 하나다 이렇게 해도 됩니다. 우리가 미생물에서부터 생명들이 그곳에 다 살고 있으니까요. 지금 우리는 허공 중에 떠 있는 그 공 속에서 갇혀 살고 있는 것과 마찬가지입니다. 그러니 우리가 이러한 육법공양을 올리는 까닭은 '이 공 속에서 좀 벗어나게 해 주소서.' 하는 뜻입니다. 이 공 속은 모든 거를 진화시켜서 이렇게 만드는 공장이니, 이 공장 안에서 벗어나서 자유스럽게 살게 하소서 하는 것입니다.

그러니까 될 수 있으면 정定에다 즉, 주인공主人空 정定에다가 모든 걸, 들이는 것도 그놈이 일거수일투족 들이는 거고 내는 것도 일거수일투족 그놈이 내는 거고, 오로지 그렇게 할 때 그게 정이고 그것이 아주 오로지 믿음입니다. 그래야 이 육법공양을 올리는 원리도 대번에 알아지지 않겠습니까. 우리 이 육신이 육법공양을 올려서 칠탑七塔이 되고, 마음의 칠탑이 되고 칠탑을 넘어서서 십이인연의 연기법도 넘어선다면 그거는 뭐, 한생각이 지혜로워서 그대로 자유자재인 것이지요.

1. 천수경 千手經

普 禮 眞 言
보례진언 두루 하신 한마음의 삼보를 경배하는 진언

我 今 一 身 中
아금일신중 제가 지금 한마음 가운데에서

卽 現 無 盡 身
즉현무진신 몸 아닌 몸으로 즉시 나투어

遍 在 三 寶 前
변재삼보전 시방에 두루 하신 한마음 삼보님 앞에

一 一 無 數 禮

일일무수례 오로지 한마음으로 예배합니다

옴 바아라 믹 (세 번)

* 천수경 시작

淨 口 業 眞 言

정구업진언

선업 악업, 좋다 나쁘다, 더럽다 깨끗하다 하는 망념들을 몰락 놓고 진실한 말을 하며 관觀하는 진언

수리수리 마하수리 수수리 사바하 (세 번)

五 方 內 外 安 慰 諸 神 眞 言

오방내외안위제신진언

온 누리의 일체 부처님은 내 한마음에 계시오니 진실하게 관하는 이 마음이 바로 진언일세

나무 사만다 못다남 옴 도로도로 지미 사바하 (세 번)

開 經 偈
개경게

우리들이 살아가는 이 세상은 부처님의 세상과 둘이 아니어서, 항상 봄이 되어 꽃이 피니 향기의 문은 늘 열려 있도다

無 上 甚 深 微 妙 法
무상심심미묘법

百 千 萬 劫 難 遭 遇
백천만겁난조우

我 今 聞 見 得 受 持
아금문견득수지

願 解 如 來 眞 實 意
원해여래진실의

開 法 藏 眞 言
개법장진언

내 마음을 깨달아서 알고 본다면 사방이 터져서 그대로 여여하네

옴 아라남 아라다 (세 번)

千手千眼觀自在菩薩廣大圓滿

천수천안관자재보살광대원만

無碍大悲心大陀羅尼啓請

무애대비심대다라니계청

일체제불의 마음은 내 한마음이니, 내 한마음이 모든 법과 생활을 하도록 청하옵니다

稽首觀音大悲主

계수관음대비주

願力弘深相好身

원력홍심상호신

千臂莊嚴普護持

천비장엄보호지

千眼光明遍觀照

천안광명변관조

眞實語中宣密語

진실어중선밀어

無爲心內起悲心

무위심내기비심

速令滿足諸希求

속령만족제희구

永 使 滅 除 諸 罪 業
영사멸제제죄업

天 龍 衆 聖 同 慈 護
천룡중성동자호

百 千 三 昧 頓 熏 修
백천삼매돈훈수

受 持 身 是 光 明 幢
수지신시광명당

受 持 心 是 神 通 藏
수지심시신통장

洗 滌 塵 勞 願 濟 海
세척진로원제해

超 證 菩 提 方 便 門
초증보리방편문

我 今 稱 誦 誓 歸 依
아금칭송서귀의

所 願 從 心 悉 圓 滿
소원종심실원만

南 無 大 悲 觀 世 音
나무대비관세음

願 我 速 知 一 切 法
원아속지일체법

南 無 大 悲 觀 世 音
나무대비관세음

願 我 早 得 智 慧 眼
원아조득지혜안

南 無 大 悲 觀 世 音
나무대비관세음

願 我 速 度 一 切 衆
원아속도일체중

南 無 大 悲 觀 世 音
나무대비관세음

願 我 早 得 善 方 便
원아조득선방편

南 無 大 悲 觀 世 音
나무대비관세음

願 我 速 乘 般 若 船
원아속승반야선

南 無 大 悲 觀 世 音
나무대비관세음

願 我 早 得 越 苦 海
원아조득월고해

南 無 大 悲 觀 世 音
나무대비관세음

願 我 速 得 戒 定 道
원아속득계정도

南 無 大 悲 觀 世 音
나무대비관세음

願 我 早 登 圓 寂 山
원아조등원적산

南 無 大 悲 觀 世 音
나무대비관세음

願 我 速 會 無 爲 舍
원아속회무위사

南 無 大 悲 觀 世 音
나무대비관세음

願 我 早 同 法 性 身
원아조동법성신

我 若 向 刀 山
아약향도산

刀 山 自 摧 折
도산자최절

我 若 向 火 湯
아약향화탕

火 湯 自 消 滅
화탕자소멸

我 若 向 地 獄
아약향지옥

地 獄 自 枯 渴
지옥자고갈

我 若 向 餓 鬼
아약향아귀

餓 鬼 自 飽 滿
아귀자포만

我 若 向 修 羅
아약향수라

惡 心 自 調 伏
악심자조복

我 若 向 畜 生
아약향축생

自 得 大 智 慧
자득대지혜

南 無 觀 世 音 菩 薩 摩 訶 薩
나무관세음보살마하살

南 無 大 勢 至 菩 薩 摩 訶 薩
나무대세지보살마하살

南 無 千 手 菩 薩 摩 訶 薩
나무천수보살마하살

南 無 如 意 輪 菩 薩 摩 訶 薩
나무여의륜보살마하살

南 無 大 輪 菩 薩 摩 訶 薩
나무대륜보살마하살

南 無 觀 自 在 菩 薩 摩 訶 薩
나무관자재보살마하살

南 無 正 趣 菩 薩 摩 訶 薩
나무정취보살마하살

南 無 滿 月 菩 薩 摩 訶 薩
나무만월보살마하살

南 無 水 月 菩 薩 摩 訶 薩
나무수월보살마하살

南 無 軍 茶 利 菩 薩 摩 訶 薩
나무군다리보살마하살

南 無 十 一 面 菩 薩 摩 訶 薩
나무십일면보살마하살

南 無 諸 大 菩 薩 摩 訶 薩
나무제대보살마하살

南 無 本 師 阿 彌 陀 佛
「나무본사아미타불」 (세 번)

神 妙 章 句 大 陀 羅 尼
신묘장구대다라니

자신의 묘법은 글귀 아닌 대원력이니

나모 라다나 다라야야 나막알약 바로기제 새바라야 모지사다바야 마하 사다바야 마하가로 니가야 옴 살바 바예수 다라나 가라야 다사명 나막 까리다바 이맘알야 바로기제 새바라 다바 이라간타 나막하리나

야 마발다 이샤미 살발타 사다남
수반 아예염 살바보다남 바바마라
미수다감 다냐타 옴 아로계 아로가
마지로가 지가란제 혜혜하례 마하
모지 사다바 사마라 사마라 하리
나야 구로구로 갈마 사다야 사다
야 도로도로 미연제 마하미연제 다
라다라 다린나례 새바라 자라자라
마라미마라 아마라 몰제예혜혜 로
계새바라 라아 미사미 나사야 나
베사미사미 나사야 모하자라 미사
미 나사야 호로호로 마라호로 하
례 바나마나바 사라사라 시리시리
소로소로 못쟈못쟈 모다야 모다야
매다리야 니라간타 가마사 날사남

바라하라나야 마낙 사바하 싯다야 사바하 마하싯다야 사바하 싯다유예 새바라야 사바하 니라간타야 사바하 바라하 목카싱하 목카야 사바하 바나마 하따야 사바하 자가라 욕다야 사바하 상카섭나녜 모다나야 사바하 마하라 구타다라야 사바하 바마사간타 이사시체다 가릿나 이나야 사바하 먀가라 잘마 이바 사나야 사바하

「나모 라다나다라야야 나막알야 바로기제 새바라야 사바하」(세 번)

四 方 讚
사방찬 한마음을 찬탄하는 게송

一 灑 東 方 潔 道 場
일쇄동방결도량

二 灑 南 方 得 清 凉
이쇄남방득청량

三 灑 西 方 俱 淨 土
삼쇄서방구정토

四 灑 北 方 永 安 康
사쇄북방영안강

道 場 讚
도량찬
삼세심三世心이 일심一心으로 쉼없이 돌아가는 도리를 찬탄함

道 場 清 淨 無 瑕 穢
도량청정무하예

三 寶 天 龍 降 此 地
삼보천룡강차지

我 今 持 誦 妙 眞 言
아금지송묘진언

願 賜 慈 悲 密 加 護
원사자비밀가호

懺 悔 偈
참회게 참회하는 게송

我 昔 所 造 諸 惡 業
아석소조제악업

皆 由 無 始 貪 瞋 癡
개유무시탐진치

從 身 口 意 之 所 生
종신구의지소생

一 切 我 今 皆 懺 悔
일체아금개참회

懺 除 業 障 十 二 尊 佛
참제업장십이존불
업장을 멸해 주시는 열두 분의 부처님

南 無 懺 除 業 障 寶 勝 藏 佛
나무참제업장보승장불

寶 光 王 火 簾 照 佛
보광왕화렴조불

一 切 香 華 自 在 力 王 佛
일체향화자재력왕불

百 億 恒 河 沙 決 定 佛
백억항하사결정불

振 威 德 佛
진위덕불

金 綱 堅 强 消 伏 壞 散 佛
금강견강소복괴산불

寶 光 月 殿 妙 音 尊 王 佛
보광월전묘음존왕불

歡 喜 藏 摩 尼 寶 積 佛
환희장마니보적불

無 盡 香 勝 王 佛
무진향승왕불

獅 子 月 佛
사자월불

歡 喜 莊 嚴 珠 王 佛
환희장엄주왕불

帝 寶 幢 摩 尼 勝 光 佛
제보당마니승광불

十 惡 懺 悔
십악참회 열 가지 죄업을 참회함

殺 生 重 罪 今 日 懺 悔
살생중죄금일참회

偷 盜 重 罪 今 日 懺 悔
투도중죄금일참회

邪 淫 重 罪 今 日 懺 悔
사음중죄금일참회

妄 語 重 罪 今 日 懺 悔
망어중죄금일참회

綺 語 重 罪 今 日 懺 悔
기어중죄금일참회

兩 舌 重 罪 今 日 懺 悔
양설중죄금일참회

惡 口 重 罪 今 日 懺 悔
악구중죄금일참회

貪 愛 重 罪 今 日 懺 悔
탐애중죄금일참회

瞋 恚 重 罪 今 日 懺 悔
진에중죄금일참회

癡 暗 重 罪 今 日 懺 悔
치암중죄금일참회

百 劫 積 集 罪
백겁적집죄

一 念 頓 蕩 盡
일념돈탕진

如 火 焚 枯 草
여화분고초

滅 盡 無 有 餘
멸진무유여

罪 無 自 性 從 心 起
죄무자성종심기

心 若 滅 時 罪 亦 亡
심약멸시죄역망

罪 亡 心 滅 兩 俱 空
죄망심멸양구공

是 卽 名 爲 眞 懺 悔
시즉명위진참회

懺 悔 眞 言
참회진언 죄업을 참회하는 진언

옴 살바 못자 모지 사다야 사바하 (세 번)

准 提 功 德 聚
준제공덕취

寂 靜 心 常 誦
적정심상송

一 切 諸 大 難
일체제대난

無 能 侵 是 人
무능침시인

天 上 及 人 間
천상급인간

受 福 如 佛 等
수복여불등

遇 此 如 意 珠
우차여의주

定 獲 無 等 等
정획무등등

南 無 七 俱 胝 佛 母 大 准 提 菩 薩
나무칠구지불모대준제보살 (세 번)

淨 法 界 眞 言
정법계진언 마음이 청정함을 관하는 진언

옴 남 (세 번)

護 身 眞 言
호신진언 마음의 호법신은 일체 몸을 도우리다

옴 치림 (세 번)

觀 世 音 菩 薩 本 心 微 妙 六 字 大 明 王 眞 言
관세음보살본심미묘육자대명왕진언
한마음의 미묘하온 마음의 작용을 보이신 여섯 자 진언

옴 마니 반메 훔 (세 번)

准 提 眞 言

준제진언

일체제불의 마음은 곧 내 한마음이므로 주인공 한마음을 관하는 진언

나무 사다남 삼먁 삼못다 구치남 다냐타 옴 자례주례 준제 사바하 부림 (세 번)

我 今 持 誦 大 准 提
아금지송대준제

卽 發 菩 提 廣 大 願
즉발보리광대원

願 我 定 慧 速 圓 明
원아정혜속원명

願 我 功 德 皆 成 就
원아공덕개성취

願 我 勝 福 遍 莊 嚴
원아승복변장엄

願 共 衆 生 成 佛 道
원공중생성불도

如 來 十 大 發 願 文
여래십대발원문 여래의 열 가지 큰 발원문

願 我 永 離 三 惡 道
원아영리삼악도

願 我 速 斷 貪 瞋 癡
원아속단탐진치

願 我 常 聞 佛 法 僧
원아상문불법승

願 我 勤 修 戒 定 慧
원아근수계정혜

願 我 恒 隨 諸 佛 學
원아항수제불학

願 我 不 退 菩 提 心
원아불퇴보리심

願 我 決 定 生 安 養
원아결정생안양

願 我 速 見 阿 彌 陀
원아속견아미타

願 我 分 身 遍 塵 刹
원아분신변진찰

願 我 廣 度 諸 衆 生
원아광도제중생

發 四 弘 誓 願
발사홍서원 네 가지 큰 원을 세움

衆 生 無 邊 誓 願 度
중생무변서원도

煩 惱 無 盡 誓 願 斷
번뇌무진서원단

法 門 無 量 誓 願 學
법문무량서원학

佛 道 無 上 誓 願 成
불도무상서원성

自 性 衆 生 誓 願 度
자성중생서원도

自 性 煩 惱 誓 願 斷
자성번뇌서원단

自 性 法 門 誓 願 學
자성법문서원학

自 性 佛 道 誓 願 成
자성불도서원성

發 願 已 歸 命 禮 三 寶
발원이 귀명례삼보

원을 발하여 한마음의 삼보님께 귀의합니다

南 無 常 住 十 方 佛
나무상주시방불

南 無 常 住 十 方 法
나무상주시방법

南 無 常 住 十 方 僧
나무상주시방승 (세 번)

* 천수경은 여기서 마치고 불공이나 재齋를 봉행할 때 사대 진언을 독송하고 거불로 들어간다.

淨 三 業 眞 言
정삼업진언

몸과 입과 뜻으로 지은 업을 녹이는 진언

옴 사바바바 수다살바 달마 사바
바바 수도함 (세 번)

開 壇 眞 言
개단진언
진정 사대오온四大五蘊 우주 법계 개공皆空을 문 없는 문을 열고 더불어 다 바치오리다

옴 바아라 놔로 다가다야 삼마야 바라베 사야훔 (세 번)

建 壇 眞 言
건단진언 한마음의 기둥 법단 세우는 진언

옴 난다난다 나지나지 난다바리 사바하 (세 번)

淨 法 界 眞 言
정법계진언 마음이 청정함을 관하는 진언

羅 字 色 鮮 白
나자색선백

空 點 以 嚴 之
공점이엄지

如 彼 髻 明 珠
여피계명주

置 之 於 頂 上
치지어정상

眞 言 同 法 界
진언동법계

無 量 衆 罪 除
무량중죄제

一 切 觸 穢 處
일체촉예처

當 加 此 字 門
당가차자문

나무 사만다 못다남 남 (세 번)

2. 뜻으로 푼 천수경

– 대행 스님 –

[정구업진언 淨口業眞言]

선업 악업, 좋다 나쁘다, 더럽다 깨끗하다 하는 망념들을
몰락 놓고 진실한 말을 하며 관觀하는 진언

진실한 말을 하면 진언이 되고 하치 않은 말을 하면 구업이 되도다

[오방내외안위제신진언 五方內外安慰諸神眞言]

온 누리의 일체 부처님은 내 한마음에 계시오니 진실하게
관하는 이 마음이 바로 진언일세

온 법계에 두루 하온 내 한마음을 끊임없이 따르리다 진정코 믿으오리다

[개경게 開經偈]

우리들이 살아가는 이 세상은 부처님의 세상과 둘이 아니어서,
항상 봄이 되어 꽃이 피니 향기의 문은 늘 열려 있도다

일체 모든 부처님의 마음은 내 한마음에 깊고깊어 한 찰나에 부처님의 마음이요 한 찰나를 몰라서 끊임없는 억겁에 끄달리네

일체 모든 부처님의 마음이 내 마음이요 듣고 보고 행하는 그 모든 것 부처님 법 아님 없어 내 한마음이 바로 부처님의 법이며 생활일세

[개법장진언 開法藏眞言]

내 마음을 깨달아서 알고 본다면 사방이 터져서 그대로 여여하네

들이고 내는 모든 것을 내 한마음에 맡겨 놓으니 거기에서 모든 것을 전부하네

[천수천안관자재보살광대원만무애대비심대다라니계청]
千手千眼觀自在菩薩廣大圓滿無碍大悲心大陀羅尼啓請

일체제불의 마음은 내 한마음이니, 내 한마음이 모든 법과 생활을 하도록 청하옵니다

관음보살님 내 한마음에 계시오니 항상 감사하옵니다

일체제불 원력이 내 한마음 원력 되어 항상 일상생활 걸림 없이 해 나가게 해 주시니 감사하옵니다

일체제불 자비한 손 내 한마음 손이어서, 내 한마음 손으로 유위법과 무위법을 둘 아니게 항상 움직이니 이 감사함을 어찌 말로 다 하리까

일체제불 밝으신 눈 내 한마음의 눈이어서, 한마음의 눈으로 전 우주를 두루 살펴 죽은 사람 봄으로써 산 사람을 바로 보니 두루두루 정확함이라

일체제불 진실하신 마음이 내 한마음 진실하온 마음이니 무위 유위로 항상 길을 밝게 인도하시어 안 보이는 무위심 속에 일체 만법 귀중함을 베푸시네

일체제불 마음이 내 한마음 법이오니 그 만족함 광대무변하도다

삼심三心이 일심一心 되니 몰락 전부 놓는다면 일심조차 세울 게 없도다

천지의 근본도 내 한마음이 근본이요
태양의 근본도 내 한마음이 근본이라
어찌 모든 세상 두루 살피지를 못하리오

온 우주의 근본도 내 한마음이 근본이니 둘이 아닌 세상을 똑바로 지도하도다

일체심이 곧 일심이니 찰나찰나 나투며 길을 밝히도다

우주의 근본은 내 한마음이 근본이니 찰나찰나 나투면서 일체 모든 유생 무생의 길을 밝게 인도하도다

내 한마음 온갖 것의 근본 되니 근본에서 나온 것을 근본에다 몰락 놔서 밝은 마음 이루리다

본래부터 마음에는 문이 없어 넘어들 것 없으므로 넘어갈 것 또한 없어 한마음이 근본

이니 그대로가 생활이며 법이도다

일체제불 마음이 곧 내 한마음인 것인 줄 알았으니 내 한마음 지극하게 믿으오며 한마음의 진실한 뜻 따르오리다

내 한마음 믿으오며 한마음의 진실한 뜻 따른다면 자유자재하리이다

내 한마음 그대로 관세음이신 고로 내 한마음에 귀의하오니

이 한마음 믿고 믿어 원을 세우오니 일체가 다 이루어지이다

내 한마음 그대로 관세음이신 고로 내 한마음에 귀의하오니

내 한마음 믿고 믿어 따른다면 지혜 물리 터져 나와 자유법을 얻으리라

내 한마음 그대로 관세음이신 고로 내 한마음에 귀의하오니

오로지 내 한마음 믿고 따르면 찰나찰나 나투는 모든 중생 그대로 건지리다

내 한마음 그대로 관세음이신 고로 내 한마음에 귀의하오니

오로지 내 한마음에 모든 원을 세운다면 성불하리라

내 한마음 그대로 관세음이신 고로 내 한마음에 귀의하오니

오로지 내 한마음에 모든 원을 세운다면, 사방에 문이 없어 본래 내가 없기에 건널 것도 없는 것을 알 것이니 건널 것도 없다 하는 그 님을 찾으리라

내 한마음 그대로 관세음이신 고로 내 한마음에 귀의하오니

산다 죽는다 하는 것은 고정된 참모습이 아니기에 이승 저승 없는 한마음 되오리다

내 한마음 그대로 관세음이신 고로 내 한마음에 귀의하오니

마음의 공덕 계율 법행을 하루속히 이루오리다

내 한마음 그대로 관세음이신 고로 내 한마음에 귀의하오니

본래 밝아 생과 사에 걸림 없는 길 없는 길 한마음이 하루속히 이루어지이다

내 한마음 그대로 관세음이신 고로 내 한마음에 귀의하오니

원하건대 일체제불이 도량의 집 내 한마음에 계시옴을 알게 하소서

내 한마음 그대로 관세음이신 고로 내 한마음에 귀의하오니

마음은 고정됨이 하나 없이 평등하니 일체의 법성신이 내 한마음인 줄 알게 하소서

내 마음의 칼산지옥도

한마음 능력 두루 하여 스스로 무너지게 하소서

내 마음에 화탕지옥 일으킬 때

한생각이 스스로 꺼지어 저절로 무너지네

내 마음의 지옥도

한생각이 스스로 꺼지어 저절로 무너지네

내 마음이 귀신행을 한다면은

내 한마음이 귀신 항복 받아 충만하리

만약에 아수라의 마음 일으킨다면

스스로 내 마음에 조복되리

만약에 축생의 마음 일으킨다면

스스로 큰 지혜로 둘 아닌 도리를 알게 하소서

유무세상 관하시어 보살피며 건지시는 부처님께 한마음으로 귀의하리다

끝이 없는 대천세상 유생 무생 부처님과 한마음에 귀의하리다

끊임없이 천수로써 보살피는 한마음에 귀의하리다

끊임없이 보살피며 여여하신 한마음에 귀의하리다

둥그런 큰 마음을 내시어서 두루두루 건지시는 한마음에 귀의하리다

우주 세상 일체 생명 자재로이 보살피는 한마음에 귀의하리다

시공 없는 한생각에 일체를 다 거두시는 한마음에 귀의하리다

끊임없이 만물만생 항상 비춰 주시옵는 한마음에 귀의하리다

끊임없는 생명들의 줄어듦도 늘어남도 본래없는 밝은 길을 인도하는 한마음에 귀의하리다

끊임없이 전 국민을 보호하며 맛과 이익 주시옵는 한마음에 귀의하리다

없는 고로 큰 시방에 두루두루 한생각을 내시어서 보살행을 하심같이 한마음에 귀의하리다

걸림 없이 일체 모든 크나크온 보배 자비 한 마음에 귀의하리다

유무 없는 중심 근본 스승하여 각覺 이루는 불성에 귀의하리다

[신묘장구대다라니 神妙章句大陀羅尼]

자신의 묘법은 글귀 아닌 대원력이니

이 소리는
나와 내가 같이
이 경지에 오고 감이 없이
부동지不動智의 큰 지혜를 굴리어
걸림 없이 굴리어
큰 바다와 같으니
진정 그 뜻을 알라

고요한
물 흐름과 같이
제 마음을

한마음으로 이끌어 주옵소서

오고 감이
근본에 있어
고요한 마음으로 이루오리다

우리들의
염念하는 소리
온 누리에 펴지나니
살피소서

부처님의 마음과 내 마음이
둘 아니게 인도하여
눈 아닌 눈의 지혜로
두루 이루어
살피고 살피소서

눈이 없어
관觀하고 관하고
또 부지런하오리니

가고 가고
돌아 돌아
모든 고난이 큰 뜻으로
모든 액난이 몰락
사라지이다, 사라지이다

모든 망상도 부동심不動心으로
스스로 스스로
마음, 정진하는 마음
부지런히 지혜의 혜가 밝아서
부동심을 이루도록 하옵소서

눈이 눈이
우주에 가득 차
두루 밝아 밝아 또 밝아
모든 중생
한자리 한자리
한마음 한마음
한 몸 한 몸

만물이
함께 고苦에서 벗어나 벗어나
자유인이 되게 하옵소서

세상을
바로 보게 하옵소서

큰 뜻을
이루게 하옵소서

세상 계율 무위법을
벗어나지 않게 하옵소서

한 손 되게
하옵소서

나의 욕심을
떠나게 하옵소서

육신의 모든 습성을
녹이게 하는

능력이 생기게 하옵소서

큰 능력으로
나라를 돌보게 하옵소서
모습 없는
일체 영령들도
물질과 둘 아님을 알게 하옵소서

자성신의 뜻으로
모든 생활에서
항복받게 하옵소서

일체제불이시여,
만 가지 꽃이 피고 만 가지 열매 익어
맛을 알게 하옵소서

[사방찬 四方讚] 한마음을 찬탄하는 게송

한마음에 세상 도량 전부 들어 있으니
상대 경계 모두 놓아 이 마음이 구공이면

본래면목 계합되어 삼세가 다 구정토라
마음 비워 청정하면 세세생생 평안하리

[도량찬 道場讚]

삼세심 三世心이 일심 一心으로 쉼없이 돌아가는 도리를 찬탄함

일체 모든 부처님의 한마음은 더러움고 깨끗함이 본래 없는 내 한마음일세

삼세심三世心이 일심一心 되니 천지세상 그대로가 내 한마음 생활일세

더럽다 깨끗하다 본래 없는 내 한마음 그대로가 여여한 법이로세

부처님의 한마음은 유위법과 무위법을 한 손 안에 거머쥐고 만중생에게 대자비를 베푸시네

[참회게 懺悔偈] 참회하는 게송

제가 지은 모든 악업죄

선행 없는 모든 탐심죄

몸으로 입으로 뜻으로 지은 죄

일체 모든 잘못을 참회합니다

[참제업장십이존불 懺除業障十二尊佛]

업장을 멸해 주시는 열두 분의 부처님

두루두루 겸손하온 마음 공덕 계율 법행 불

한마음의 보배로서 따뜻이 관하시어 살피시는 불

일체 모든 향기롭고 따뜻하온 마음의 불

광대무변 크신 뜻을 결정하온 불

두루두루 위대하온 마음의 공덕 불

마음을 굳혀 세워 일체 모두 항복받아 태산 같은 업장들을 멸하신 불

넓고 밝은 한마음의 묘법음 법존 불

밝고 기쁜 마음의 손길 닿지 않는 곳 없는 불

무변하고 두루 한 마음의 향 갖추신 불

사무 사유에 밝으신 불

밝고 밝은 마음 중심 걸림 없는 주 불

한마음의 보배는 두루 걸림 없이 굴림이 여여한 주 불

[십악참회 十惡懺悔] 열 가지 죄업을 참회함

살생한 큰 죄 오늘 참회합니다

도둑질한 큰 죄 오늘 참회합니다

사음한 큰 죄 오늘 참회합니다

거짓말한 큰 죄 오늘 참회합니다

삿된 말 한 큰 죄 오늘 참회합니다

이간질한 큰 죄 오늘 참회합니다

나쁜 말 한 큰 죄 오늘 참회합니다

탐애한 큰 죄 오늘 참회합니다

성낸 큰 죄 오늘 참회합니다

어리석은 큰 죄 오늘 참회합니다

백겁 천겁 쌓인 죄업

한생각에 사라지고

마른풀이 불에 타듯

남김없이 소멸되네

죄는 본래 자성 없고 마음 따라 일어나니

마음 만일 없어지면 죄업 또한 스러지네

죄와 망심 모두 놓아 마음 모두 공하여야

이를 일러 이름하여 진실한 참회라 하네

[**참회진언 懺悔眞言**] 죄업을 참회하는 진언

우리들의 삶의 길을 깨닫게 하여 주옵소서

한마음의 크신 공덕

적정하게 항상 관하면

이 세상의 모든 재난

침범하지 못하리니

천상이나 인간이나

부처님의 복덕 받아

이 여의주 만난 이는

최상의 법 얻으리다

천지의 만물 소생케 하는 도리천지 어머니이신 한마음에 귀의합니다

[정법계진언 淨法界眞言] 마음이 청정함을 관하는 진언

진정 올바른 행을 하리다

[호신진언 護身眞言] 마음의 호법신은 일체 몸을 도우리다

진정 끊임없는 길

[관세음보살본심미묘육자대명왕진언]
觀世音菩薩本心微妙六字大明王眞言
한마음의 미묘하온 마음의 작용을 보이신 여섯 자 진언

진정 내 마음으로 모든 악을 물리치게 하소서

[준제진언 准提眞言]

일체제불의 마음은 곧 내 한마음이므로 주인공 한마음을 관하는 진언

끝이 없는 마음의, 계단 없는 계단을 넘어 진정코 마음의 구슬 굴리오리다

제가 일체 한마음에 지성으로 관하오며
보리심을 내어서 크고 넓은 원을 세우오니

원컨대 저의 선정 지혜 속히 밝아지이다

원컨대 저의 공덕 다 이루오리다

원컨대 저의 복력 두루 장엄하여지이다

원컨대 모든 중생 함께 성불하여지이다

[여래십대발원문 如來十大發願文] 여래의 열 가지 큰 발원문

마음과 마음으로 삼악도를 여의옵기 원입니다

마음의 탐 · 진 · 치를 어서 끊기 원입니다

마음의 불 · 법 · 승을 항상 듣기 원입니다

마음의 계 · 정 · 혜를 힘껏 닦기 원입니다

둘 아닌 부처님 법 늘 배우기 원입니다

마음에 보리심을 항상 내기 원입니다

마음속의 극락세계 태어나기 원입니다

마음속의 아미타불 속히 뵙기 원입니다

온 세상에 나투기를 원입니다

모든 중생 제도하길 원입니다

[**발사홍서원** 發四弘誓願] 네 가지 큰 원을 세움

가없는 중생을 다 건지오리다

끝없는 번뇌를 다 녹이오리다

한량없는 법문을 다 배우오리다

위없는 불도를 다 이루오리다

마음속의 모든 중생 맹세코 건지오리다

마음속의 모든 번뇌 맹세코 녹이오리다

마음속의 모든 법문 맹세코 배우오리다

마음속의 모든 불도 맹세코 이루오리다

[발원이 귀명례삼보 發願已 歸命禮三寶]

원을 발하여 한마음의 삼보님께 귀의합니다

시방에 항상 한마음으로 계신 부처님께 귀의합니다

시방세계 항상 계신 진리에 귀의합니다

시방세계 항상 계신 도량에 귀의합니다

* 천수경 끝

[정삼업진언 淨三業眞言]

몸과 입과 뜻으로 지은 업을 녹이는 진언

진정 죽어 죽어 두루 하심下心하여 넘어 넘어 넘어 각覺을 이루게 하소서

[개단진언 開壇眞言]

진정 사대오온四大五蘊 우주 법계 개공皆空을 문 없는 문을 열고 더불어 다 바치오리다

진정 모든 것을 놓아 몰락 모아 삼보 전에 바치옵니다

[건단진언 建壇眞言] 한마음의 기둥 법단 세우는 진언

진정 죽어 죽어 길고 길고 죽어서라도 뜻을 따르게 하옵소서

[정법계진언 淨法界眞言] 마음이 청정함을 관하는 진언

한마음을 넓히어서 보이는 것 안 뵈는 것 일체를 다 비우라

한마음의 근원으로 만법을 나투어 보임이라

일체 모두 한마음이 밝아 있어 걸림 없이 굴림이라

늘 베푸는 마음으로 뜻을 세워 유생 무생 둘로 나눠 보지 말고 건지라

내 마음이 알고 있는 그 모든 것 온 법계가 다 알도다

한없는 죄업들이 많다 하여도 한마음 주인공에 맡겨 놓으면 일체 죄업 붙을 자리 하나 없도다

일체 모든 애욕심과 삼독심으로 인하여 갖가지 나쁜 일에 부딪칠 때 한마음에 몰락 맡겨 놓는다면 참자유가 오리로다

한마음을 굳게 믿고 일체 둘로 보지 말고 글자에나 이론에도 끄달림이 하나 없이 참주인공을 관하라

두루두루 이 세상의 한마음은 영원토록 변치 않아 마음으로 들고난다

3. 삼보통청 三寶通請

※ 삼보통청

불법승 삼보를 함께 청해 공양을 올리는 의식으로 일체 삼보一切 三寶를 함께 청하므로 제불통청諸佛通請이라 부르기도 한다.

擧 佛
거불 삼보三寶를 청하는 의식

南 無 佛 陀 部 衆 光 臨 法 會
나무 불타부중 광림법회
모든 부처님께서 이 법회에 광림하소서

南 無 達 磨 部 衆 光 臨 法 會
나무 달마부중 광림법회
모든 법신께서 이 법회에 광림하소서

南 無 僧 伽 部 衆 光 臨 法 會
나무 승가부중 광림법회
모든 스님께서 이 법회에 광림하소서

普 召 請 眞 言
보소청진언 두루 청하는 진언

나무 보보제리 가리다리 다타 아다야 (세 번)

由 致
유치

부처님과 모든 보살님의 위신력을 찬탄하고 공양을 준비하여 청하옵는 연유를 아룀

仰 惟 三 寶 大 聖 者 從 眞 淨 界 興 大 悲
앙유 삼보대성자 종진정계 흥대비

雲 非 身 現 身 布 身 雲 於 三 千 世 界
운 비신현신 포신운어삼천세계

無 法 說 法 灑 法 雨 於 八 萬 塵 勞 開 種
무법설법 쇄 법우어팔만진로 개 종

種 方 便 之 門 導 茫 茫 沙 界 之 衆 有 求
종방편지문 도 망망사계지중 유구

皆 遂 如 空 谷 之 傳 聲 無 願 不 從 若 澄
개수 여 공곡지전성 무원부종 약징

潭 之 印 月 是 以 娑 婆 世 界 南 贍 部 洲
담지인월 시이사바세계 남섬부주

東洋 大韓民國 某道 某郡 某面
동양 대한민국 모도 모군 모면

某洞 某寺院 淸淨之道場 今此 至極
모동 모사원 청정지도량 금차 지극

至精誠 獻供發願齋者
지정성 헌공발원재자

某住所 居住 某人 保體
모주소 거주 모인 보체

以此因緣功德 一切苦難 永爲消滅
이차인연공덕 일체고난 영위소멸

四大强健 六根淸淨 心中所求所願
사대강건 육근청정 심중소구소원

如意圓滿 亨通之大願 以今月今日
여의원만 형통지대원 이금월금일

虔設法筵 淨饌供養 帝網重重 無盡
건설법연 정찬공양 제망중중 무진

三寶慈尊 薰懃作法 仰祈妙援者
삼보자존 훈근작법 앙기묘원자

右伏以 爇 茗香以禮請 呈 玉粒而修
우복이 설 명향이례청 정 옥립이수

齋 齋體雖微 虔誠可愍 冀回慈鑑
재 재체수미 건성가민 기회자감

曲照微誠 謹秉一心 先陳三請
곡조미성 근병일심 선진삼청

우러러 생각하니 불법승 큰 성현은 진리의 청정법계에서 대자비의 구름 일으키어 몸 아닌 몸 나투시어 삼천세계 두루 하고 법 없는 법 말씀하여 감로의 비 내리시니 팔만 사천 온갖 번뇌 남김없이 씻어 주며 가지가지 방편 열어 항상 중생 건지시니 구하는 것 이루기는 빈 골짜기 메아리 같고 원하는 바 성취됨은 맑은 물의 달빛이라.

이 까닭에 사바세계 대한민국 이 도량에 참된 불자 등 청정 대원 이루고자 금월 금일 일심으로 법의 자리 마련하고 시방삼세 다함없는 삼보님 전 공양코자 경건하온 작법 지어 크신 은덕 비옵니다.

명향 사뤄 청하오며 청정 공양 올리오니 공양 비록 적사오나 정성심을 거두시사 자비 거울 비추시어 굽어살펴 주옵소서. 정성 다하여 세 번 청하옵니다.

請 詞
청사 불보살님을 청함

南無 一心奉請
나무 일심봉청

以大慈悲 而爲體故 救護衆生 以爲
이대자비 이위체고 구호중생 이위

資糧 於諸病苦 爲作良醫 於失道者
자량 어제병고 위작양의 어실도자

示其正路 於闇夜中 爲作光明 於貧
시기정로 어암야중 위작광명 어빈

窮者 令得伏藏 平等饒益 一切衆生
궁자 영득복장 평등요익 일체중생

淸淨法身毘盧遮那佛 圓滿報身盧
청정법신비로자나불 원만보신노

舍那佛 千百億化身釋迦牟尼佛
사나불 천백억화신석가모니불

西方教主阿彌陀佛 當來教主彌勒
서방교주아미타불 당래교주미륵

尊佛 十方常住 眞如佛寶 一乘圓教
존불 시방상주 진여불보 일승원교

大華嚴經 大乘實教 妙法華經 三處
대화엄경 대승실교 묘법화경 삼처

傳心 格外禪詮 十方常住 甚深法寶
전심 격외선전 시방상주 심심법보

大智文殊舍利菩薩 大行普賢菩薩
대지문수사리보살 대행보현보살

大悲觀世音菩薩 大願本尊地藏菩
대비관세음보살 대원본존지장보

薩 傳佛心燈 迦葉尊者 流通敎海
살 전불심등 가섭존자 유통교해

阿難尊者 十方常住 淸淨僧寶 如是
아난존자 시방상주 청정승보 여시

三寶 無量無邊 一一周徧 一一盡刹
삼보 무량무변 일일주변 일일진찰

唯願慈悲 憐愍有情 降臨道場 受此
유원자비 연민유정 강림도량 수차

供養
공양

일심으로 귀의하여 청하옵니다.

대자비로 체를 삼아 중생들을 구호할 제 어지럽고 어려운 곳 모두 살펴 주시옵되 병이 들어 앓는 이에겐 어진 의사 되시옵고 길을 잃고 헤매는 이에겐 바른 길을 가르치시며 어두운 밤중에는 밝은 횃불 되옵시고 가난한 사람에겐 무량보배 얻게 하여 일체 중생 고루고루 평등하게 거두시는 청정하온 법신이신 비로자나 부처님과 원만하온 보신이신 노사나 부처님과 천백억화신이신 석가모니 부처님과 서방정토 극락세계 아미타 부처님과 오는 세계 사바세계 자씨미륵 부처님과 시방세계 항상 계신 진여이신 불보님과 일승원교 대화엄경 대승실교 법화경과 세 곳에서 마음 전한 언어 문자 여읜 법과 시방세계 항상 계신 심히 깊은 묘법보와 대지성존 문수보살 대행성존 보현보살 대자성존 관음보살 대비대원 지장보살 부처님의 마음 전한 제일조사 가섭존자 부처님 법 널리 펴낸 총지제일 아난존자 시방삼세 항상 계신 청정하온 승보님들, 이와 같은 삼보님이 한량없고 가이 없어 일체 세계 두루 하고 일체 시에 충만하네.

일심정성 발원하오니 대자대비 삼보시여, 중생들을 긍휼하사 이 도량에 강림하여 저희들의 정성어린 공양을 받으소서.

香華請
향화청 마음의 꽃을 뿌려 청하옵니다

향화청 (세 번)

歌 詠
가영 시방세계 부처님을 찬탄함

佛 身 普 遍 十 方 中 三 世 如 來 一 體 同
불신보변시방중 삼세여래일체동

廣 大 願 雲 恒 不 盡 汪 洋 覺 海 渺 難 窮
광대원운항부진 왕양각해묘난궁

故 我 一 心 歸 命 頂 禮
고아일심귀명정례

부처님 몸 두루 하여 시방세계 충만한데 과거 현재 미래의 모든 부처님 본래부터 근본은 하나였어라. 넓고 크온 마음 능력 항상하여 다함 없고 가이 없는 여래 경계 짐작조차 못 하오리. 그런고로 제가 지금 일심으로 귀의합니다.

獻 座 眞 言
헌좌진언 법좌를 바쳐 올리는 진언

妙 菩 提 座 勝 莊 嚴 諸 佛 坐 已 成 正 覺
묘보리좌승장엄 제불좌이성정각

我 今 獻 座 亦 如 是 自 他 一 時 成 佛 道
아금헌좌역여시 자타일시성불도

묘하도다, 수승한 한마음 자리. 모든 부처 여기 앉아 성불했어라 저희들의 헌좌 또한 이와 같으니 모든 중생 너나없이 불도 이루리

옴 바아라 미나야 사바하 (세 번)

淨 法 界 眞 言
정법계진언 마음이 청정함을 관하는 진언

옴 남 (세 번)

供 養 偈
공양게

供 養 十 方 調 御 士　演 揚 淸 淨 微 妙 法
공양시방조어사 연양청정미묘법

三 乘 四 果 解 脫 僧　願 垂 哀 納 受
삼승사과해탈승 원수애납수 (拜)

願 垂 哀 納 受　願 垂 慈 悲 哀 納 受
원수애납수 (拜) **원수자비애납수** (拜)

과거 현재 미래의 모든 부처님과 청정하여 걸림 없는 미묘 법문과 해탈 이룬 성현들께 공양하오니 원하건대 감응하여 주옵소서 원하건대 감응하여 주옵소서 원하건대 자비로써 감응하여 주옵소서

眞 言 勸 供

진언권공 진실한 한마음을 관하며 공양을 권합니다

香 羞 羅 列 齋 者 虔 誠 欲 求 供 養 之 周 圓

향수나열 재자건성 욕구공양지주원

須 仗 加 持 之 變 化 仰 唯 三 寶 特 賜 加 持

수장가지지변화 앙유삼보 특사가지

향기로운 음식으로 정성 다하여 바친 공양 원만하길 기원하오며 미묘하온 가피력 신통한 변화 삼보님의 위신력 베푸옵소서

南 無 十 方 佛 南 無 十 方 法 南 無 十 方 僧

나무시방불 나무시방법 나무시방승 (세 번)

시방의 불보님께 귀의합니다 시방의 법보님께 귀의합니다 시방의 승보님께 귀의합니다

無量威德 自在光明勝妙力 變食眞言
무량위덕 자재광명승묘력 변식진언

부처님의 한량없는 위덕과 자재한 지혜, 수승한 묘력으로 음식을 변화시키는 진언

나막 살바다타 아다 바로기제 옴 삼바라 삼바라 훔 (세 번)

施甘露水眞言
시감로수진언

감로수로 베풀어지기를 바라는 진언

나무 소로바야 다타아다야 다냐타 옴 소로소로 바라소로 바라소로 사바하 (세 번)

一字水輪觀眞言
일자수륜관진언

물의 본성을 관하는 일자 진언

옴 밤 밤 밤밤 (세 번)

乳 海 眞 言
유해진언
부처님의 말씀이 바다처럼 베풀어지기를 바라는 진언

나무 사만다 못다남 옴 밤 (세 번)

運 心 供 養 眞 言
운심공양진언
마음을 움직여 공양하게 하는 진언

願 此 香 供 遍 法 界 普 供 無 盡 三 寶 海
원차향공변법계 보공무진삼보해

慈 悲 受 供 增 善 根 令 法 住 世 報 佛 恩
자비수공증선근 영법주세보불은

원하오니 마음 공양 법계에 두루 퍼져 다함없는 한마음의 삼보님 공양하여지이다 자비로써 공양 받으사 선근 더하게 하시옵고 바른 법 빛내어서 부처님 은혜 갚아지이다

나막 살바다타 아제 비약미 살바 모계 비약 살바다캄 오나아제 바라혜맘 옴 아아나캄 사바하 (세 번)

至心頂禮供養 三界導師 四生慈父
지심정례공양 삼계도사 사생자부

是我本師 釋迦牟尼佛
시아본사 석가모니불 (拜)

至心頂禮供養 十方三世 帝網刹海
지심정례공양 시방삼세 제망찰해

常住一切 佛陀耶衆
상주일체 불타야중 (拜)

至心頂禮供養 十方三世 帝網刹海
지심정례공양 시방삼세 제망찰해

常住一切 達磨耶衆
상주일체 달마야중 (拜)

至心頂禮供養 大智文殊舍利菩薩
지심정례공양 대지문수사리보살

大行普賢菩薩 大悲
대행보현보살 대비

觀世音菩薩 大願本
관세음보살 대원본

尊地藏菩薩摩訶薩
존지장보살마하살 (拜)

至心頂禮供養 靈山當時 受佛付囑
지심정례공양 영산당시 수불부촉

十大弟子 十六聖
십대제자 십육성

五百聖 獨修聖 乃至
오백성 독수성 내지

千二百諸大阿羅漢
천이백제대아라한

無量慈悲聖衆
무량자비성중 (拜)

至心頂禮供養 西乾東震 及我海東
지심정례공양 서건동진 급아해동

歷代傳燈 諸大祖師
역대전등 제대조사

天下宗師 一切微塵數
천하종사 일체미진수

諸大善知識
제대선지식 (拜)

至心頂禮供養 十方三世 帝網刹海
지심정례공양 시방삼세 제망찰해

常住一切 僧伙耶衆
상주일체 승가야중 (拜)

唯願 無盡三寶 大慈大悲 受此供養
유원 무진삼보 대자대비 수차공양

冥熏加被力 願共法界諸衆生 自他
명훈가피력 원공법계제중생 자타

一時成佛道
일시성불도

普供養眞言
보공양진언 널리 공양하고자 하는 진언

옴 아아나 삼바바 바아라 훔 (세 번)

普回向眞言
보회향진언 널리 공덕을 회향하는 진언

옴 삼마라 삼마라 미만나 사라마
하 자가라 바 훔 (세 번)

願 成 就 眞 言
원성취진언 원이 성취되게 하는 진언

옴 아모카 살바다라 사다야 시베
훔 (세번)

補 闕 眞 言
보궐진언 빠진 것 없이 모두 충만하게 하는 진언

옴 호로호로 사야목계 사바하 (세번)

精 勤
정근

南 無 三 界 導 士 四 生 慈 父 是 我 本 師
나무 삼계도사 사생자부 시아본사
釋 迦 牟 尼 佛
석가모니불

* 명호를 부르며 시간에 따라 적절히 한다.

天 上 天 下 無 如 佛
천상천하무여불
내 마음의 부처님과 같으신 분 어디서 뵐까

十 方 世 界 亦 無 比
시방세계역무비
시방세계 그 누구와도 비길 데 없네

世 間 所 有 我 盡 見
세간소유아진견
세간의 모든 것을 내가 이미 보았지만

一 切 無 有 如 佛 者
일체무유여불자
불도 닦는 그것보다 더 수승한 것은 없네

上 壇 祝 願
상단축원

仰 告 十 方 三 世 帝 網 重 重 無 盡 三 寶
앙고 시방삼세 제망중중 무진삼보

慈 尊 不 捨 慈 悲 許 垂 朗 鑑 上 來 所 修
자존 불사자비 허수낭감 상래소수

佛功德 回向三處悉圓滿 乃至天下

불공덕 회향삼처실원만 내지천하

太平 佛日增輝法輪轉 法輪常轉 於

태평 불일증휘법륜전 법륜상전 어

無窮國界 恒安於萬歲 是以娑婆世

무궁국계 항안어만세 시이사바세

界 南贍部洲 東洋 大韓民國 某道

계 남섬부주 동양 대한민국 모도

某市 某處 某寺院 清淨之道場

모시 모처 모사원 청정지도량

願我今此 至極至誠 獻供發願齋者

원아금차 지극지성 헌공발원재자

時會合院大衆 比丘比丘尼 沙彌沙

시회합원대중 비구비구니 사미사

彌尼 行子 各各等保體 今日同參齋

미니 행자 각각등보체 금일동참재

者 各市各區各洞 居住 清信士清信

자 각시각구각동 거주 청신사청신

女 童男童女 各各等保體

녀 동남동녀 각각등보체

仰蒙諸佛菩薩 加被之妙力 各其心
앙몽제불보살 가피지묘력 각기심

中所求所願 發願卽 平生乃乃 無病
중소구소원 발원즉 평생내내 무병

長壽 四大强健 六根淸淨 貴人相逢
장수 사대강건 육근청정 귀인상봉

一切苦難 永爲消滅 福德俱足 財數
일체고난 영위소멸 복덕구족 재수

大通 身無一切病苦厄難 心無一切
대통 신무일체병고액난 심무일체

貪戀迷惑 參禪者 疑團獨露 豁然開悟
탐연미혹 참선자 의단독로 활연개오

念佛者 三昧顯前 看經者 慧眼通透
염불자 삼매현전 간경자 혜안통투

資糧者 隨分成就 失路者 示其正路
자량자 수분성취 실로자 시기정로

從初發心 究竟正覺 於其中間 無障
종초발심 구경정각 어기중간 무장

無碍 歡喜圓滿 亨通之發願
무애 환희원만 형통지발원

今此至極至誠 今日 參拜者 一門眷
금차지극지성 금일 참배자 일문권

屬等 各各等保體 仰蒙諸佛菩薩任
속등 각각등보체 앙몽제불보살님

加護之妙力 東西四方 出入往還
가호지묘력 동서사방 출입왕환

常逢吉慶 不逢災害 官災口舌 三災
상봉길경 불봉재해 관재구설 삼재

八難 四百四病 一時消滅 惡人遠離
팔난 사백사병 일시소멸 악인원리

家族和睦 夫婦愛合 兄弟間友愛
가족화목 부부애합 형제간우애

各其心中所求所願 歡喜圓滿 成就
각기심중소구소원 환희원만 성취

之大願 抑願時會 合院大衆 各各等
지대원 억원시회 합원대중 각각등

保體 諸佛菩薩 哀愍攝受之妙力 無
보체 제불보살 애민섭수지묘력 무

始廣大劫來 至遇 今生今日 五欲十
시광대겁래 지우 금생금일 오욕십

惡 一切重罪 身口意三業障 一切業

악 일체중죄 신구의삼업장 일체업

緣等 悉皆消滅 佛法門中 信心堅固

연등 실개소멸 불법문중 신심견고

永不退轉 三世佛加被 遇善知識 一

영불퇴전 삼세불가피 우선지식 일

言之下 頓忘生死 悟卽無上 正遍

언지하 돈망생사 오즉무상 정변

正覺 速佛慧明廣度 人天之發願

정각 속불혜명광도 인천지발원

今日同參齋子 各各等伏爲 各其上

금일동참재자 각각등복위 각기상

世先亡父母 累代宗親 弟兄叔伯 姉

세선망부모 누대종친 제형숙백 자

妹姪孫 各 列位列名靈駕 此寺道場

매질손 각 열위열명영가 차사도량

內外 洞上洞下 有主無主 有形無形

내외 동상동하 유주무주 유형무형

有想無想雲集 一切哀魂 佛者等 各

유상무상운집 일체애혼 불자등 각

列名靈駕 今日 以此因緣功德 以此
열명영가 금일 이차인연공덕 이차

發願功德 以此念佛功德 卽往極樂
발원공덕 이차염불공덕 즉왕극락

世界 親見彌陀 發菩提心 願往生
세계 친견미타 발보리심 원왕생

上品上生 往生極樂之發願
상품상생 왕생극락지발원

然後願 恒沙法界 無量佛子等 同遊
연후원 항사법계 무량불자등 동유

華藏莊嚴海 同入菩提大道場 常逢
화장장엄해 동입보리대도량 상봉

華嚴佛菩薩 恒蒙諸佛大光明 消滅
화엄불보살 항몽제불대광명 소멸

無量重罪障 獲得無量大智慧 頓成
무량중죄장 획득무량대지혜 돈성

無上最正覺 廣度法界諸衆生 以報
무상최정각 광도법계제중생 이보

諸佛莫大恩 世世常行菩薩道 究竟
제불막대은 세세상행보살도 구경

圓 成 薩 婆 若　摩 訶 般 若 波 羅 蜜
원성살바야 마하반야바라밀

南 無　釋 迦 牟 尼 佛
나무 석가모니불

南 無　釋 迦 牟 尼 佛
나무 석가모니불

南 無　是 我 本 師　釋 迦 牟 尼 佛
나무 시아본사 석가모니불

般 若 心 經
반야심경

* 본문 52쪽, 54쪽 참고

제2장 독송 讀誦

Ⅰ. 무상계 …………………… 147

Ⅱ. 법성계 …………………… 156

Ⅲ. 금강반야바라밀경 …………… 161
…뜻으로 푼 금강경

Ⅰ. 무상계 無常戒

夫 無 常 戒 者 入 涅 槃 之 要 門
부무상계자 입열반지요문
무상계는 열반에 이르는 요긴한 문이며

越 苦 海 之 慈 航 是 故 一 切 諸 佛
월고해지자항 시고일체제불
고해를 건너는 자비의 배입니다 그러므로 모든 부처님들께서도

因 此 戒 故 而 入 涅 槃
인차계고 이입열반
이 계를 인연하여 열반을 성취하셨고

一 切 衆 生 因 此 戒 故
일체중생 인차계고
모든 중생들도 이 계에 의지하여

而 度 苦 海 某 靈
이도고해 모령
고해를 건넜습니다 영가시여

汝 今 日 迥 脫 根 塵 靈 識 獨 露
여금일 형탈근진 영식독로
이제 그대는 여섯 가지 감관(눈 · 귀 · 코 · 혀 · 몸 · 뜻)과 여섯 가지 경계(빛 · 소리 · 향기 · 맛 · 감촉 · 법)에서 벗어나 신령한 의식이 뚜렷해져

受 佛 無 上 淨 戒 何 幸 如 也

수불무상정계 하행여야

거룩한 부처님의 계를 받게 되었으니 이 얼마나 다행한 일입니까

某 靈 劫 火 洞 燃 大 千 俱 壞

모령 겁화통연 대천구괴

영가시여, 세월이 흘러 오래 되면 광대한 우주도 무너지고

須 彌 巨 海 磨 滅 無 餘

수미거해 마멸무여

수미산과 큰 바다도 없어져 남을 것이 없는데

何 況 此 身 生 老 病 死

하황차신 생로병사

항차 이 작은 몸이 생 · 로 · 병 · 사와

憂 悲 苦 惱 能 與 遠 違

우비고뇌 능여원위

근심 · 걱정 · 고뇌를 무슨 수로 피하리오

某 靈 髮 毛 爪 齒 皮 肉 筋 骨

모령 발모조치 피육근골

영가시여, 그대의 머리카락 · 손톱 · 이빨 그리고 가죽 · 살 · 힘줄 · 뼈

髓 腦 垢 色 皆 歸 於 地

수뇌구색 개귀어지

때 같은 육신은 다 흙으로 돌아가고

唾 涕 膿 血 津 液 涎 沫
타체농혈 진액연말

침과 콧물 · 고름 · 피 · 진액

痰 淚 精 氣 大 小 便 利
담루정기 대소변리

가래 · 눈물 · 원기와 오줌 같은 것들은

皆 歸 於 水 煖 氣 歸 火
개귀어수 난기귀화

다 물로 돌아가고, 몸의 더운 기운은 불로 돌아가고

動 轉 歸 風 四 大 各 離
동전귀풍 사대각리

활동하던 기운은 바람으로 변하여 네 가지 요소가 다 각각
지地 · 수水 · 화火 · 풍風으로 흩어져 제자리로 돌아가는 법이니

今 日 亡 身 當 在 何 處
금일망신 당재하처

오늘날 영가의 돌아가신 몸이 어디 있다고 하리오

某 靈 四 大 虛 假 非 可 愛 惜
모령 사대허가 비가애석

영가시여, 이 몸뚱이는 네 가지 요소로서 거짓되고 헛된 것이니
조금도 애석해할 것이 없습니다

汝 從 無 始 已 來 至 于 今 日
여종무시이래 지우금일
영가는 오랜 옛적부터 오늘에 이르기까지

無 明 緣 行 行 緣 識
무명연행 행연식
어리석은 무명으로 말미암아 선악의 행업을 지었고, 이 행업은 세상에 태어나려는 일념을

識 緣 名 色 名 色 緣 六 入
식연명색 명색연육입
이 일념의 의식작용이 태중의 정신과 물질인 명색을, 명색은 여섯 가지 감관을

六 入 緣 觸 觸 緣 受
육입연촉 촉연수
이 여섯 가지 감관은 감촉을, 감촉은 지각을

受 緣 愛 愛 緣 取
수연애 애연취
지각은 애욕을, 애욕은 탐취심을

取 緣 有 有 緣 生
취연유 유연생
탐취심은 내세의 과가 될 업을 낳았고, 이 업은 다시 미래에 태어나는 연이 되니

生 緣 老 死 憂 悲 苦 惱
생연노사 우비고뇌

태어나면 늙고 병들고 죽게 되어 근심하고 슬퍼하고 고뇌하게 되는 것입니다

無 明 滅 則 行 滅
무명멸즉 행멸

그러므로 무명이 없어지면 선악의 행업이 없어지고

行 滅 則 識 滅
행멸즉 식멸

선악의 행업이 없어지면 고정관념의 의식 작용이 없어지고

識 滅 則 名 色 滅
식멸즉 명색멸

고정관념의 의식 작용이 없어지면 명색이 없어지고

名 色 滅 則 六 入 滅
명색멸즉 육입멸

명색이 없어지면 여섯 가지 감관이 없어지고

六 入 滅 則 觸 滅
육입멸즉 촉멸

여섯 가지 감관이 없어지면 감촉이 없어지고

觸 滅 則 受 滅
촉멸즉 수멸

감촉이 없어지면 지각이 없어지고

受 滅 則 愛 滅
수멸즉 애멸
지각이 없어지면 애욕이 없어지고

愛 滅 則 取 滅
애멸즉 취멸
애욕이 없어지면 탐취심이 없어지고

取 滅 則 有 滅
취멸즉 유멸
탐취심이 없어지면 업이 없어지고

有 滅 則 生 滅
유멸즉 생멸
업이 없어지면 생이 없어지고

生 滅 則 老 死 憂 悲 苦 惱 滅
생멸즉 노사우비고뇌멸
생이 없어지면 늙고 죽고 근심하고 슬퍼하는 고뇌도 다 없는 것입니다

諸 法 從 本 來 常 自 寂 滅 相
제법종본래 상자적멸상
이 세상 모든 것은 본래부터 스스로 고요하고 청정하므로

佛 者 行 道 已 來 世 得 作 佛
불자행도이 내세득작불
우리가 이와 같이 닦고 닦으면 기어이 부처 이룰 것입니다

諸 行 無 常 是 生 滅 法
제행무상 시생멸법

모든 현상은 한시도 고정됨이 없이 변하여 돌아가는 것이 곧 생하고 멸하는 생멸의 법이니

生 滅 滅 已 寂 滅 爲 樂
생멸멸이 적멸위락

이 생멸에 집착함을 놓으면 곧 고요한 열반의 경지에 이르는 것입니다

歸 依 佛 陀 戒 歸 依 達 磨 戒
귀의불타계 귀의달마계

부처님계에 귀의합니다 가르침계에 귀의합니다

歸 依 僧 伽 戒
귀의승가계

승가계에 귀의합니다

南 無 過 去 寶 勝 如 來 應 供
나무과거보승여래 응공

과거의 보승여래이시며 마땅히 공양 받으실 님이시며

正 遍 知 明 行 足 善 逝
정변지 명행족 선서

우주 법계의 모든 것을 다 아시는 님이시며, 지혜와 행을 구족하신 님이시며, 열반에 이르신 님이시며

世 間 解 無 上 士 調 御 丈 夫

세간해 무상사 조어장부

이 세상 모든 것을 다 아시는 님이시며, 위없이 거룩하신 님이시며, 모든 중생을 잘 다스리시는 님이시며

天 人 師 佛 世 尊

천인사 불 세존

하늘나라와 인간세상의 스승이신 님이시며, 깨우쳐 부처 되신 님이시며, 세상에서 가장 높게 존경받으실 님에게 귀의합니다

某 靈 脫 却 五 陰 殼 漏 子

모령 탈각오음각루자

영가시여, 이제 당신께서는 오음을 벗어 버리고

靈 識 獨 露 受 佛 無 上 淨 戒

영식독로 수불무상정계

신령한 의식이 뚜렷이 드러나 부처님의 거룩한 계를 받았으니

豈 不 快 哉 豈 不 快 哉

기불쾌재 기불쾌재

이 얼마나 기쁘고 기쁜 일입니까?

天 堂 佛 刹 隨 念 往 生

천당불찰 수념왕생

영가시여, 이제 마음대로 하늘이나 부처님 계신 곳에 태어나게 되었으니

快 活 快 活
쾌활쾌활
참으로 기쁘고 기쁜 일입니다

西 來 祖 意 最 堂 堂
서래조의최당당
달마 조사 전하신 법 당당하여 으뜸이시니

自 淨 其 心 性 本 鄕
자정기심성본향
본래 청정한 마음자리 본 성품의 고향이네

妙 體 湛 然 無 處 所
묘체담연무처소
마음이란 맑고 묘해 있는 곳이 따로 없어

山 河 大 地 現 眞 光
산하대지현진광
삼라만상 그대로가 한마음의 나툼일세

Ⅱ. 법성게 法性偈

※ 법성게

신라시대 의상 조사義湘 祖師가 화엄학의 핵심을 30구句 210자字로 요약한 게송이다.

法 性 圓 融 無 二 相
법성원융무이상
법의 성품 원융하여 두 모양이 본래 없고

諸 法 不 動 本 來 寂
제법부동본래적
모든 법이 부동하여 본래부터 고요하네

無 名 無 相 絕 一 切
무명무상절일체
이름 없고 모양 없어 일체가 다 끊겼으니

證 智 所 知 非 餘 境
증지소지비여경
깨친 지혜로 알 일일 뿐 다른 경계로 알 수 없네

眞 性 甚 深 極 微 妙
진성심심극미묘
참성품은 깊고 깊어 지극히 미묘하여

不 守 自 性 隨 緣 成

불수자성수연성

자기 성품 고집 않고 인연따라 나투우네

一 中 一 切 多 中 一

일중일체다중일

하나 안에 일체 있고 일체 안에 하나 있어

一 卽 一 切 多 卽 一

일즉일체다즉일

하나가 곧 일체요 일체가 곧 하나라

一 微 塵 中 含 十 方

일미진중함시방

한 티끌 그 가운데 온 우주를 머금었고

一 切 塵 中 亦 如 是

일체진중역여시

낱낱의 티끌마다 온 우주가 다 들었네

無 量 遠 劫 卽 一 念

무량원겁즉일념

끝도 없는 무량겁이 한생각의 찰나이고

一 念 卽 是 無 量 劫

일념즉시무량겁

찰나의 한생각이 끝도 없는 겁이어라

九 世 十 世 互 相 卽
구세십세호상즉
세간이나 출세간이 서로 함께 어울리되

仍 不 雜 亂 隔 別 成
잉불잡란격별성
혼란 없이 정연하게 따로따로 이루었네

初 發 心 時 便 正 覺
초발심시변정각
처음 발심하온 때가 바른 깨침 이룬 때요

生 死 涅 槃 常 共 和
생사열반상공화
생과 사와 열반 경계 그 바탕이 한몸이니

理 事 冥 然 無 分 別
이사명연무분별
근본 · 현상 명연하여 분별할 길 없는 것이

十 佛 普 賢 大 人 境
십불보현대인경
모든 부처님과 보살님 성인들의 경계러라

能 仁 海 印 三 昧 中
능인해인삼매중
부처님의 거룩한 법 갈무리한 해인 삼매

繁 出 如 意 不 思 議
번출여의부사의
불가사의 무궁한 법 그 안에서 드러내어

雨 寶 益 生 滿 虛 空
우보익생만허공
모든 중생 유익토록 온 누리에 법비 내려

衆 生 隨 器 得 利 益
중생수기득이익
중생들의 그릇 따라 온갖 이익 얻게 하네

是 故 行 者 還 本 際
시고행자환본제
이런고로 수행자는 근본으로 돌아가되

叵 息 妄 想 必 不 得
파식망상필부득
망상심을 쉬지 않곤 얻을 것이 하나 없네

無 緣 善 巧 捉 如 意
무연선교착여의
무연 자비 좋은 방편 마음대로 자재하면

歸 家 隨 分 得 資 糧
귀가수분득자량
보리 열반 성취하는 밑거름을 얻음일세

以 陀 羅 尼 無 盡 寶
이다라니무진보
이 말씀 무진 법문 한량없는 보배로써

莊 嚴 法 界 實 寶 殿
장엄법계실보전
온 법계를 장엄하여 불국토를 이루면서

窮 坐 實 際 中 道 床
궁좌실제중도상
마침내는 진여 법성 중도 자리 깨달으니

舊 來 不 動 名 爲 佛
구래부동명위불
본래부터 부동하여 이름하여 부처라네

Ⅲ. 금강반야바라밀경 … 뜻으로 푼 금강경
金剛般若波羅密經

– 대행 스님 –

게송 偈頌

천지인 天地人
우주의 천차만별이
한 찰나에 벌어졌다
한 찰나에 모였다 흩어지는
이 광대한 산하대지에
산천초목은
장단 맞추어 음파를 두루두루 전달하고
나의 노래 소리와 더불어
전 우주 봉우리마다
허탈하게 웃으며
이래도 한세상
저래도 한세상
일체 색과 모든 생이

한꺼번에 끝없이 이어지며
나의 한마음의 웃음소리는
삼천대천세계 우주를 흔들며
물방울마다 향기 내음 되고
꽃송이마다 열매 되어
무루無漏 유루有漏 제대로 익어서
일체 생들이
그릇대로 끝없는 삶을 노래하네
이러해도 한세상
저러해도 한세상인데
나로부터
상대의 우주 섭류의 정신계에
광대한 마음과 마음이 이어지는 도리를
한데 합쳐 깨달으면
끝없는 자유인이 되리라

서 序

자아궁위의 일체를 지혜로
도리천원에 드시어
큰, 한마음의 불바퀴와
천지인天地人과 함께 하셨다.
그때 세존께서 일체 생과 함께
재식 법의 공양하실 때라
옷 아닌 옷을 입고
활궁발우를 드시고
들고 남이 없이 자아궁으로 드시어
재식하시려고 자아궁천에서 차근차근
재식 공양을 얻은 사이 없이 얻으시어
두 자리 아닌 자리로 돌아오시어
재식 공양을 한마음으로 마치시고
의발衣鉢 아닌 의발을 거두시고
일체 발이 둘 아닌 뒤에
평등공법平等空法 자리에 앉으셨다.

1. 법을 설한 까닭은

法會因由分 第一
법회인유분 제일

如是我聞 一時 佛 在舍衛國祇樹給
여시아문 일시 불 재사위국기수급

孤獨園 與大比丘衆 千二百五十人
고독원 여대비구중 천이백오십인

俱 爾時 世尊 食時 着衣持鉢 入舍
구 이시 세존 식시 착의지발 입사

衛大城 乞食 於其城中 次第乞已
위대성 걸식 어기성중 차제걸이

還至本處 飯食訖 收衣鉢 洗足已
환지본처 반사흘 수의발 세족이

敷座而坐
부좌이좌

만법이 둘 아닌 한마음을 통해 들고 남을 나는 들었노라. 한때 부처님께서 사위국을 세우시고 일심이 만법, 만법이 일심이라 하시니 큰 비구들 천이백오십 인과 함께 하셨다. 그때 세존께서 공양하실 때라 옷을 입고 발우를 드시고 사위성으로 들어가시어 걸식하시는데 그 성안에서 차례로 밥을 얻어서 다시 본래 자리로 돌아오시어 공양을 마치시고 의발을 거두시고 발을 씻으신 뒤에 자리를 펴고 앉으셨다.

2. 선현이 법을 청하니

善現起請分 第二
선현기청분 제이

時 長老須菩提 在大衆中 即從座起
시 장로수보리 재대중중 즉종좌기

偏袒右肩 右膝着地 合掌恭敬 而白
편단우견 우슬착지 합장공경 이백

佛言 稀有世尊 如來 善護念諸菩薩
불언 희유세존 여래 선호념제보살

善付囑諸菩薩 世尊 善男子善女人
선부촉제보살 세존 선남자선여인

發阿耨多羅三藐三菩提心 應云何
발아뇩다라삼먁삼보리심 응운하
住 云何降伏其心 佛言 善哉善哉
주 운하항복기심 불언 선재선재
須菩提 如汝所說 如來 善護念諸菩
수보리 여여소설 여래 선호념제보
薩 善付囑諸菩薩 汝今諦聽 當爲汝
살 선부촉제보살 여금제청 당위여
說 善男子善女人 發阿耨多羅三藐
설 선남자선여인 발아뇩다라삼먁
三菩提心 應如是住 如是降伏其心
삼보리심 응여시주 여시항복기심
唯然世尊 願樂欲聞
유연세존 원요욕문

그때 장로 수보리가 대중 가운데 있다가 자리에서 일어나 오른쪽 어깨에 옷을 걷어 메고 오른쪽 무릎을 땅에 꿇어 합장 공경하며 부처님께 사뢰었다. 희유하십니다, 세존이시여. 여래께서는 한마음의 자생화신보살들을 둘 아니게 다스리시며 한마음의 자생

응신보살들의 둘 아닌 굴림이십니다.

세존이시여, 지혜로운 남녀가 위없는 진실을 깨침에 오방五方의 무상을 걸림 없이 대처하는 마음이시며 내면 자생과 둘 아닐 때 항복이라 하시며, 나 아님 없을 때 마음 없는 마음이 찰나찰나 응신으로 나투리라 하셨나이다.

부처님께서 말씀하셨다. 착하도다 착하도다, 수보리야. 네 말과 같이 여래는 안과 밖이 둘 아닌 마음이라 내면 자생보살들은 화신·응신의 나툼을 잘 다스리느니라. 너는 지금 자세히 들어라. 마땅히 너를 위해 말하리라. 지혜로운 남녀가 위없는 진실을 깨우쳐 마음을 낸다면 내면의 자생중생들을 둘 아니게 다스려야 하느니라. 내면의 한마음 없는 한마음을 항복받게 하라. 그렇습니다, 세존이시여. 바라옵건대 즐거이 듣고자 하옵니다.

3. 대승의 바른 종지를

大乘正宗分 第三
대승정종분 제삼

佛告須菩提 諸菩薩摩訶薩 應如是
불고수보리 제보살마하살 응여시

降伏其心 所有一切衆生之類 若卵
항복기심 소유일체중생지류 약난

生 若胎生 若濕生 若化生 若有色
생 약태생 약습생 약화생 약유색

若無色 若有想 若無想 若非有想
약무색 약유상 약무상 약비유상

非無想 我皆令入 無餘涅槃 而滅度
비무상 아개영입 무여열반 이멸도

之 如是滅度 無量無數無邊衆生 實
지 여시멸도 무량무수무변중생 실

無衆生得滅度者 何以故 須菩提 若
무중생득멸도자 하이고 수보리 약

菩薩 有我相人相衆生相壽者相卽
보살 유아상인상중생상수자상즉

非菩薩
비보살

부처님께서 수보리에게 말씀하셨다. 내면의 모든 자생중생이 내 마음과 둘 아닌 줄 알면 항복받은 것이니라. 만물만생 천차만별의 종류인 난생 · 태생 · 습생 · 화생이 둘 아닌 것이며 유색 · 무색 · 유상 · 무상이 고정됨이 없이 찰나찰나 화하여 둘 아니게 공하여 시공을 초월하였느니라. 나 없는 나는 다 무심에 들게 하여 열반멸도에 들게 하리라. 일체 만물만생이 멸도가 된다 해도 내가 있고 내가 하는 게 있다면 멸도를 얻을 수는 없으리라. 무슨 까닭인가, 수보리야. 만약 보살이 아상 · 인상 · 중생상 · 수자상이 있으면 곧 보살이 아니니라.

4. 안과 밖이 둘 아닌 행이 아니라면 묘행과 중용이 아니니라

妙行無住分 第四

묘행무주분 제사

復次須菩提 菩薩 於法 應無所住
부차수보리 보살 어법 응무소주

行於布施 所謂 不住色布施 不住
행어보시 소위 부주색보시 부주

聲香味觸法布施 須菩提 菩薩 應如
성향미촉법보시 수보리 보살 응여

是布施 不住於相 何以故 若菩薩
시보시 부주어상 하이고 약보살

不住相布施 其福德 不可思量 須菩
부주상보시 기복덕 불가사량 수보

提 於意云何 東方虛空 可思量不
리 어의운하 동방허공 가사량부

不也 世尊 須菩提 南西北方四維
불야 세존 수보리 남서북방사유

上下虛空 可思量不 不也 世尊 須
상하허공 가사량부 불야 세존 수

菩提 菩薩 無住相布施 福德 亦復
보리 보살 무주상보시 복덕 역부

如是 不可思量 須菩提 菩薩 但應
여시 불가사량 수보리 보살 단응

如所教住
여소교주

그리고 수보리야, 보살은 법에 의해 마땅히 함이 없이, 조건 없이 자비행을 할지니라. 이른바 모습을 보지 말고 진실한 마음으로 보시하라. 감촉이나 남의 말에도 속지 말고, 진실한 마음만이 조건 없이 보시할 수 있느니라. 수보리야, 보살은 정신계와 물질계가 둘이 아닌 까닭에 그대로 보시이니라. 내가 있느니 내가 했느니 하면 자유인이 아니다. 무슨 까닭인가. 만약 내가 없이 보시한다면 그 공덕은 헤아릴 수 없음이니라.

수보리야, 어떻게 생각하느냐. 동쪽 허공을 가히 생각으로 헤아릴 수 있겠느냐. 없겠나이다, 세존이시여. 수보리야, 남서북방 사방상하 허공을 생각으로 헤아릴 수 있겠느냐. 없겠나이다, 세존이시여. 수보리야, 나다, 내가 했다 하는 상을 벗어나서 보시하면 공덕이 허공 같아 생각으로는 헤아릴 수 없느니라. 수보리야, 뜻과 가르친 대로 내면과 외부가 둘 아닌 마음이라야 하느니라.

5. 심안으로 옳게 보아야 하느니

如理實見分 第五
여리실견분 제오

須菩提 於意云何 可以身相 見如來
수보리 어의운하 가이신상 견여래
不 不也 世尊 不可以身相 得見如
부 불야 세존 불가이신상 득견여
來 何以故 如來所說身相 卽非身相
래 하이고 여래소설신상 즉비신상
佛告須菩提 凡所有相 皆是虛妄
불고수보리 범소유상 개시허망
若見諸相非相 卽見如來
약견제상비상 즉견여래

수보리야, 어찌 생각하느냐. 몸을 보고 여래를 볼 수 있겠느냐. 아니옵니다, 세존이시여. 몸을 보고 여래를 볼 수 없습니다. 무슨 까닭인가 하면 여래께서 말씀하신 대로 몸은 곧 몸이 아닙니다. 부처님께서 수보리에게 말씀하셨다. 내면세계와 물질세계를 둘이 아닌 줄 알면 곧 여래를 보리라.

6. 바른 믿음은 나의 뿌리 즉, 자성부처이니라

正信希有分 第六
정신희유분 제육

須菩提 白佛言 世尊 頗有衆生 得
수보리 백불언 세존 파유중생 득
聞如是言說章句 生實信不 佛告須
문여시언설장구 생실신부 불고수
菩提 莫作是說 如來滅後 後五百歲
보리 막작시설 여래멸후 후오백세
有持戒修福者 於此章句 能生信心
유지계수복자 어차장구 능생신심

以此爲實 當知 是人 不於一佛二佛
이차위실 당지 시인 불어일불이불

三四五佛 而種善根 已於無量千萬
삼사오불 이종선근 이어무량천만

佛所 種諸善根 聞是章句 乃至一念
불소 종제선근 문시장구 내지일념

生淨信者 須菩提 如來 悉知悉見
생정신자 수보리 여래 실지실견

是諸衆生 得如是無量福德 何以故
시제중생 득여시무량복덕 하이고

是諸衆生 無復我相人相衆生相壽
시제중생 무부아상인상중생상수

者相 無法相 亦無非法相 何以故
자상 무법상 역무비법상 하이고

是諸衆生 若心取相 卽爲着我人衆
시제중생 약심취상 즉위착아인중

生壽者 若取法相 卽着我人衆生壽
생수자 약취법상 즉착아인중생수

者 何以故 若取非法相 卽着我人衆
자 하이고 약취비법상 즉착아인중

生壽者 是故 不應取法 不應取非法
생수자 시고 불응취법 불응취비법

以是義故 如來 常說 汝等比丘 知我
이시의고 여래 상설 여등비구 지아

說法 如筏喩者 法尙應捨 何況非法
설법 여벌유자 법상응사 하황비법

수보리가 부처님께 사뢰었다. 세존이시여, 어떤 중생이 이 같은 말씀이나 글귀를 듣고서 진실한 믿음을 내오리까. 부처님께서 수보리에게 말씀하셨다. 그런 말 하지 마라. 여래가 멸도한 후 끝없는 미래에도 각자 마음의 공덕을 닦을 자 있어서 이 글귀에 능히 믿는 마음을 낸다면 나의 마음의 뿌리를 발견하리라. 마땅히 알라. 모든 사람 마음 속에 영원한 근본 선근이 본래 심어졌을 뿐 아니라 이미 일체 만물만생에게 뿌리 즉, 선근이 심어졌으므로 이 말씀과 글귀를 듣고 나아가 한생각에 진실한 믿음의 마음을 내느니라.

수보리야, 여래는 다 알고 다 보느니라. 일체 중생들이 나로 하여 세상이 있는 것을 안다면 무량 공덕을 얻느니라. 무슨 까닭인가. 이 모든 중생은 내가 했다, 내가 주었다, 내가 높다 하는 마음이 없다면 법이라는 것도 없고 법이 아니라는 것도 없느니라. 무슨 까닭인가. 모든 중생이 만약 나라는 마음을 세우면 곧 물질세계에 집착함이 되나니, 무슨 까닭인가. 법을 구한다 해도 곧 아상 · 인상 · 중생상 · 수자상에 집착함이며 법 아님을 취해도 곧 네 가지 상에 집착함이니라. 이런 까닭에 마땅히 법도 법 아님도 취하지 말아야 하며 내면의 양면을 놓으면 불이 켜질 뿐이니라. 이런 뜻인 까닭에 여래가 항상 말하기를 비구들이여, 나의 설법에 내가 없는데 법이 있으랴. 법이 없는데 법 아님이 있으랴.

7. 언을 것도 없고 설할 것도 없음이라

無得無說分 第七
무득무설분 제칠

須菩提 於意云何 如來得阿耨多羅
수보리 어의운하 여래득아뇩다라
三藐三菩提耶 如來有所說法耶 須
삼먁삼보리야 여래유소설법야 수
菩提言 如我解佛所說義 無有定法
보리언 여아해불소설의 무유정법
名阿耨多羅三藐三菩提 亦無有 定
명아뇩다라삼먁삼보리 역무유 정
法如來可說 何以故 如來所說法 皆
법여래가설 하이고 여래소설법 개
不可取 不可說 非法 非非法 所以者
불가취 불가설 비법 비비법 소이자
何 一切賢聖 皆以無爲法 而有差別
하 일체현성 개이무위법 이유차별

수보리야, 어떻게 생각하느냐. 여래가 위없는 진실한 깨달음을 얻었다고 생각하느냐. 여래가 설한 법이 있다고 생각하느냐. 수보리가 말씀드리되, 부처님께서 설하신 뜻을 알기에는 눈 귀가 어두워서 볼 수는 없사오나 위없는 진실을 깨달았다 함은 이름일 뿐 법이 아니며 또한 여래가 설하셨다 할 고정된 법도 없습니다. 무슨 까닭인가 하면 여래께서 설하신 법은 어떤 것을 했다 안 했다 할 수 없어서 다 취할 바 없으며 말할 수도 없으며 법도 아니고 법 아님도 아니기 때문입니다. 무슨 까닭인가 하면 일체 물질세계가 무위법에서 천차만별로 화하여 고정됨이 없기 때문입니다.

8. 법에 의해 생산이 되나니

依 法 出 生 分　第 八

의법출생분 제팔

須菩提 於意云何 若人 滿三千大千
수보리 어의운하 약인 만삼천대천

世界七寶 以用布施 是人 所得福德
세계칠보 이용보시 시인 소득복덕

寧爲多不 須菩提言 甚多 世尊 何以
영위다부 수보리언 심다 세존 하이

故 是福德 卽非福德性 是故 如來說
고 시복덕 즉비복덕성 시고 여래설

福德多 若復有人 於此經中 受持乃
복덕다 약부유인 어차경중 수지내

至四句偈等 爲他人說 其福 勝彼 何
지사구게등 위타인설 기복 승피 하

以故 須菩提 一切諸佛及諸佛 阿耨
이고 수보리 일체제불급제불 아뇩

多羅三藐三菩提法 皆從此經出 須
다라삼먁삼보리법 개종차경출 수

菩提 所謂佛法者 卽非佛法
보리 소위불법자 즉비불법

수보리야, 어떻게 생각하느냐. 어떤 사람이 삼천대천세계에 가득한 칠보를 한마음 내어 보시한다면 이 사람이 보시한 대가의

복덕이 얼마나 많겠느냐. 수보리가 말씀드리되 매우 많습니다, 세존이시여. 왜냐하면 공덕이 공덕이 아닌 까닭에 여래께서 공덕이 많다고 말씀하셨습니다. 만약 또 어떤 사람이 이 경 가운데서 사구게를 공한 도리로 받아 지녀서 만물만생을 둘 아니게 설한다면 공덕 아닌 공덕이 될 것이니라. 수보리야, 왜냐하면 일체제불의 한마음과 위없이 진실한 밝음의 한마음의 법이 모든 경으로부터 한마음과 둘 아니게 발전을 이루나니 수보리야, 말하자면 불법이, 불법 아닌 불법이 그대로 일체 생활이니라.

9. 일체 상이 상이 아님이니

一相無相分　第九
일상무상분 제구

須菩提 於意云何 須陀洹 能作是念
수보리 어의운하 수다원 능작시념

我得須陀洹果不 須菩提言 不也 世
아득수다원과부 수보리언 불야 세

尊 何以故 須陀洹 名爲入流 而無
존 하이고 수다원 명위입류 이무

所入 不入色聲香味觸法 是名須陀
소입 불입색성향미촉법 시명수다

洹 須菩提 於意云何 斯陀含 能作
원 수보리 어의운하 사다함 능작

是念 我得斯陀含果不 須菩提言 不
시념 아득사다함과부 수보리언 불

也 世尊 何以故 斯陀含 名一往來
야 세존 하이고 사다함 명일왕래

而實無往來 是名斯陀含 須菩提 於
이실무왕래 시명사다함 수보리 어

意云何 阿那含 能作是念 我得阿那
의운하 아나함 능작시념 아득아나

含果不 須菩提言 不也 世尊 何以
함과부 수보리언 불야 세존 하이

故 阿那含 名爲不來 而實無不來
고 아나함 명위불래 이실무불래

是故 名阿那含 須菩提 於意云何
시고 명아나함 수보리 어의운하

阿羅漢 能作是念 我得阿羅漢道不
아라한 능작시념 아득아라한도부

須菩提言 不也 世尊 何以故 實無
수보리언 불야 세존 하이고 실무

有法名阿羅漢 世尊 若阿羅漢 作是
유법명아라한 세존 약아라한 작시

念 我得阿羅漢道 卽爲着我人衆生
념 아득아라한도 즉위착아인중생

壽者 世尊 佛說我得無諍三昧人中
수자 세존 불설아득무쟁삼매인중

最爲第一 是第一離欲阿羅漢 我不
최위제일 시제일이욕아라한 아부

作是念 我是離欲阿羅漢 世尊 我
작시념 아시이욕아라한 세존 아

若作是念 我得阿羅漢道 世尊 卽
약작시념 아득아라한도 세존 즉

不說須菩提 是樂阿蘭那行者 以須
불설수보리 시요아란나행자 이수

菩提 實無所行 而名須菩提 是樂阿
보리 실무소행 이명수보리 시요아

蘭那行
란나행

수보리야, 어떻게 생각하느냐. 오원의 한 마음은 시공을 초월하여 생과 사에 얽매이지 않고 색에 물들지 않는 마음을 내되 내가 생과 사도 없고 시간과 공간도 모든 색깔도 없는 뜻을 얻었다고 하겠는가. 수보리가 말씀드리되 아니옵니다, 세존이시여. 무슨 까닭인가 하면 생사도 색깔도 시간도 없는 뜻이 흐른다 하지만 들고 나는 바가 없으니 색성향미촉법도 있다 없다 함이 없으므로 이를 이름하여 수다원이라 합니다.

수보리야, 어떻게 생각하느냐. 사다함이 능히 이런 마음을 내되 내가 사다함과를 얻었다 하겠는가. 수보리가 말씀드리되 아니옵니다, 세존이시여. 왜냐하면 사다함은 이름일 뿐 산울림과 같은 고로 실은 가고 옴이 없으므로 이를 이름하여 사다함이라 합니다. 수보리야, 어떻게 생각하느냐. 아나함이 능히 이런 생각을 내되 내가 아나함과를 얻었다고 하겠느냐. 수보리가 말씀드리되 아니옵니다, 세존이시여. 왜냐하면 아나함은 이름일 뿐 마음은 체가 없어 가고 옴이 없으므로 실은 오고 감을 함이 없이 하는 까닭에 이름하여 아나함이라 합니다.

수보리야, 어떻게 생각하느냐. 아라한이 능히 이런 생각을 하되 내가 아라한도를 얻었다 하겠느냐. 수보리가 말씀드리되 아니옵니다, 세존이시여. 왜냐하면 아라한이란 아라한이 아닌 까닭입니다. 세존이시여, 만약 아라한이 자기가 아라한도를 얻었다고 한다면 이는 곧 무명에서 벗어나지 못한 까닭에 일체 상에 집착하는 것입니다.

세존이시여, 부처님께서 말씀하시기를 수도자인 제가 내면의 자생중생들과 둘이 아닌 무심 삼매를 얻은 사람 중에 제일이라 하시니 일체 욕심을 떠난 제일의 아라한이라 하심인데 세존이시여, 저의 마음은 그렇지 않습니다. 그런 생각을 하지 않습니다. 모든 욕심에서 벗어나 둘이 아닌 무심 도리를 얻었다 할지라도 아라한이라 이름을 세울 게 없습니다. 세존이시여, 제가 생각하되 내가 아라한도를 얻었다 한다면 세존께서는 수보리는 아란나행을 세우는 자라고 말씀하지 않으셨으려니와 수보리가 실로 행하는 바가 없으므로 수보리는 아란나행을 함이 없이 하는 자라고 이름하셨을 것입니다.

10. 둘 아닌 공심 즉, 한자리인 것이니

莊嚴淨土分 第十

장엄정토분 제십

佛告須菩提 於意云何 如來 昔在燃
불고수보리 어의운하 여래 석재연

燈佛所 於法 有所得不 不也 世尊
등불소 어법 유소득부 불야 세존

如來在燃燈佛所 於法 實無所得 須
여래재연등불소 어법 실무소득 수

菩提 於意云何 菩薩 莊嚴佛土不
보리 어의운하 보살 장엄불토부

不也 世尊 何以故 莊嚴佛土者 卽
불야 세존 하이고 장엄불토자 즉

非莊嚴 是名莊嚴 是故 須菩提 諸
비장엄 시명장엄 시고 수보리 제

菩薩摩訶薩 應如是生淸淨心 不應
보살마하살 응여시생청정심 불응

住色生心 不應住聲香味觸法生心
주색생심 불응주성향미촉법생심

應無所住 而生其心 須菩提 譬如
응무소주 이생기심 수보리 비여

有人 身如須彌山王 於意云何 是身
유인 신여수미산왕 어의운하 시신

爲大不 須菩提言 甚大 世尊 何以
위대부 수보리언 심대 세존 하이

故 佛說非身 是名大身
고 불설비신 시명대신

부처님께서 수보리에게 이르시되 어떻게 생각하느냐. 공체 공심이 밝아 어제 오늘이 없는 회상에서 법을 얻은 바 있다고 하겠느냐. 아니옵니다, 세존이시여. 여래께서 한마음 도량 밝은 공심불 회상에 계실 때 공용의 법을 실로 얻은 바가 없습니다. 수보리야, 어떻게 생각하느냐. 보살이 불바퀴를 스스로 둘이 아니게 다스린다고 하겠느냐. 아니옵니다, 세존이시여. 왜냐하면 공생의 마음자리를 장엄이라 하는 것은 곧 마음자리가 아니고 그 이름이 마음자리이기 때문입니다.

그러므로 수보리야, 모든 보살마하살은 함이 없이 함으로써 진실한 마음을 낼지니 물질에만 치우친 마음을 내지 말 것이며, 성향미촉법도 없는 까닭에 고정된 마음을 내지 말 것이며, 고정된 바 없이, 한 바 없이 마음을 낼지니라. 수보리야, 어떤 사람의 몸이 우주만 하다면 어떻게 생각하느냐. 그 몸이 크다고 하겠느냐. 수보리가 말씀드리되 매우 큽니다, 세존이시여. 왜냐하면 둘 아닌 자아 부처님께서는 몸 아닌 것을 이름하여 큰 몸이라 하신 까닭입니다.

11. 무위 공덕이 제일 높음이오니

無爲福勝分 第十一
무위복승분 제십일

須菩提 如恒河中所有沙數 如是沙
수보리 여항하중소유사수 여시사

等恒河 於意云何 是諸恒河沙 寧爲
등항하 어의운하 시제항하사 영위

多不 須菩提言 甚多 世尊 但諸恒
다부 수보리언 심다 세존 단제항

河 尙多無數 何況其沙 須菩提 我
하 상다무수 하황기사 수보리 아

今實言告汝 若有善男子善女人 以
금실언고여 약유선남자선녀인 이
七寶 滿爾所恒河沙數 三千大千世
칠보 만이소항하사수 삼천대천세
界 以用布施 得福多不 須菩提言
계 이용보시 득복다부 수보리언
甚多 世尊 佛告須菩提 若善男子善
심다 세존 불고수보리 약선남자선
女人 於此經中 乃至受持四句偈等
여인 어차경중 내지수지사구게등
爲他人說 而此福德 勝前福德
위타인설 이차복덕 승전복덕

수보리야, 갠지스강의 헤아릴 수 없는 모래알처럼 갠지스강이 또 많다면 어떻게 생각하느냐. 그리고 모든 갠지스강의 모래는 얼마나 많겠느냐. 수보리가 말씀드리되 매우 많습니다, 세존이시여. 오원에는 있다 없다 할 수 없는 뜻이 있거늘 그 모래 수이겠습니까. 수보리야, 내가 이제 말함이 없이 네게 이르노니 만약 어떤 지혜로운 남녀가 몸과 마음에서 끝없는 칠보 보배가 저 모래수 같아 삼천대천세계에 가득 채웠으니 한마음의 꽉 찬 보배로 보시를 한다면 얻을 공덕이 많다고 하겠느냐. 수보리가 말씀드리기를, 많다고 말로써 다 이르오리까, 세존이시여. 한마음의 부처님께서 수보리에게 이르시되 만약 지혜로운 남녀가 내면의 선과 경이 둘이 아니게 그 가운데서 사구게가 사구게가 아님을 받아 지니고 자타가 둘 아닌 도리를 위해 설한다면 칠보로 삼천대천세계를 가득 채운 보시의 복덕보다 공덕이 수승하리라.

12. 바르게 가르침을 존중함이니

尊重正教分 第十二
존중정교분 제십이

復次須菩提 隨說是經 乃至四句偈
부차수보리 수설시경 내지사구게
等 當知此處 一切世間天人阿修羅
등 당지차처 일체세간천인아수라
皆應供養 如佛塔廟 何況有人 盡能
개응공양 여불탑묘 하황유인 진능
受持讀誦 須菩提 當知 是人 成就
수지독송 수보리 당지 시인 성취
最上第一希有之法 若是經典所在
최상제일희유지법 약시경전소재
之處 卽爲有佛 若尊重弟子
지처 즉위유불 약존중제자

그리고 수보리야, 어디서나 이 경을 설하되 사구게 등이 공했다는 여여함으로 돌려 설한다면 일체 세간의 만물만생의 마음이 한마음으로 공양하기를 부처 중생 둘 아닌 중용으로 할 것이거늘 남녀노소를 막론하고 부처님의 뜻과 가르침을 진실로 받아 읽고 외워 뜻을 익힌다면 수보리야, 마땅히 알라. 이 사람은 내면으로 믿고 물러서지 않는 사람의 최상이며, 제일의 희유한 법을 성취할 것이니 만약 둘 아니게 걸림 없는 경전이 있는 곳이라면 곧 부처님과 한마음으로 존경받는 제자가 계신 곳이 되리라.

13. 법답게 받아 지님이니

如法受持分 第十三
여법수지분 제십삼

爾時 須菩提 白佛言 世尊 當何名
이시 수보리 백불언 세존 당하명
此經 我等 云何奉持 佛告須菩提
차경 아등 운하봉지 불고수보리
是經 名爲金剛般若波羅蜜 以是名
시경 명위금강반야바라밀 이시명
字 汝當奉持 所以者何 須菩提 佛
자 여당봉지 소이자하 수보리 불

說般若波羅蜜 卽非般若波羅蜜 是
설반야바라밀 즉비반야바라밀 시

名般若波羅蜜 須菩提 於意云何 如
명반야바라밀 수보리 어의운하 여

來 有所說法不 須菩提 白佛言 世
래 유소설법부 수보리 백불언 세

尊 如來 無所說 須菩提 於意云何
존 여래 무소설 수보리 어의운하

三千大千世界 所有微塵 是爲多不
삼천대천세계 소유미진 시위다부

須菩提言 甚多 世尊 須菩提 諸微
수보리언 심다 세존 수보리 제미

塵 如來說 非微塵 是名微塵 如來
진 여래설 비미진 시명미진 여래

說 世界 非世界 是名世界 須菩提
설 세계 비세계 시명세계 수보리

於意云何 可以三十二相 見如來不
어의운하 가이삼십이상 견여래부

不也 世尊 不可以三十二相 得見
불야 세존 불가이삼십이상 득견

如來 何以故 如來說 三十二相 卽
여래 하이고 여래설 삼십이상 즉

是非相 是名三十二相 須菩提 若有
시비상 시명삼십이상 수보리 약유

善男子善女人 以恒河沙等身命 布
선남자선여인 이항하사등신명 보
施 若復有人 於此經中 乃至 受持
시 약부유인 어차경중 내지 수지
四句偈等 爲他人說 其福甚多
사구게등 위타인설 기복심다

그때 수보리가 부처님께 사뢰었다. 세존이시여, 이 뜻의 경을 마땅히 무엇이라 이름할 것이며 저희들이 어떻게 받들어 지니오리까. 부처님께서 수보리에게 이르시되, 이 경은 위없이 밝음에 한마음은 그대로 여여하여 영원할 것이며, 일체 있는 것 없는 줄 알고 없는 것 있는 줄 안다면 그대로 영원한 줄 알리는 뜻이니 이러한 이름은 이름없는 이름으로써 너희들은 한마음 깊은 속에 받들어 지녀야 하느니라. 그 까닭이 무엇인가, 수보리야. 부처가 설한 반야바라밀은 곧 반야바라밀이 아니고 그 이름이 반야바라밀이니라.

수보리야,어떻게 생각하느냐. 여래가 설한 바 법이 되겠느냐. 수보리가 부처님께 말씀드리되 세존이시여,여래께서는 설한 바가 없습니다. 수보리야,어떻게 생각하느냐. 삼천대천세계에 있는 모든 티끌이 많다고 생각하느냐. 수보리가 말씀드리되 매우 많습니다,세존이시여. 수보리야,모든 티끌을, 여래는 티끌이 세계와 둘이 아닌 것을 설하노니 그 이름이 티끌이며,여래는 세계가 세계가 아니라고 설하노니 그 이름이 세계이니라. 수보리야,어떻게 생각하느냐. 삼십이상으로 여래를 볼 수 있겠느냐. 아니옵니다,세존이시여. 삼십이상으로는 여래를 볼 수 없습니다. 왜냐하면 여래께서는 삼십이상은 곧 상이 아니라 이름이 삼십이상이라 하시기 때문입니다. 수보리야,만약 어떤 지혜 있는 남녀가 있어서 일체 한마음의 나툼으로 천차만별의 모습과 마음이 화하여 나투며 둘이 아닌 보시를 하고, 또 어떤 사람이 있어서 이 경 가운데서 사구게가 따로 없이 내면의 밝은 마음을 지녀서 나와 남을 위해 둘 아니게 설한다면 그 공덕은 끝이 없을 것이니라.

14. 상을 떠나야 적멸함이니라

離相寂滅分 第十四
이상적멸분 제십사

爾時 須菩提 聞說是經 深解義趣
이시 수보리 문설시경 심해의취

涕淚悲泣 而白佛言 稀有 世尊 佛
체루비읍 이백불언 희유 세존 불

說 如是甚深經典 我從昔來所得慧
설 여시심심경전 아종석래소득혜

眼 未曾得聞如是之經 世尊 若復有
안 미증득문여시지경 세존 약부유

人 得聞是經 信心淸淨 卽生實相
인 득문시경 신심청정 즉생실상

當知是人 成就第一稀有功德 世尊
당지시인 성취제일희유공덕 세존

是實相者 卽是非相 是故 如來說名
시실상자 즉시비상 시고 여래설명

實相 世尊 我今得聞如是經典 信解
실상 세존 아금득문여시경전 신해

受持 不足爲難 若當來歲後五百歲
수지 부족위난 약당래세후오백세

其有衆生 得聞是經 信解受持 是人
기유중생 득문시경 신해수지 시인

卽爲第一稀有 何以故 此人 無我
즉위제일희유 하이고 차인 무아

相 無人相 無衆生相 無壽者相 所
상 무인상 무중생상 무수자상 소

以者何 我相 卽是非相 人相 衆生
이자하 아상 즉시비상 인상 중생

相 壽者相 卽是非相 何以故 離一
상 수자상 즉시비상 하이고 이일

切諸相 卽名諸佛 佛告須菩提 如是
체제상 즉명제불 불고수보리 여시

如是 若復有人 得聞是經 不驚不怖
여시 약부유인 득문시경 불경불포

不畏 當知是人 甚爲稀有 何以故
불외 당지시인 심위희유 하이고

須菩提 如來說 第一波羅蜜 卽非第
수보리 여래설 제일바라밀 즉비제

一波羅蜜 是名第一波羅蜜 須菩提
일바라밀 시명제일바라밀 수보리

忍辱波羅蜜 如來說 非忍辱波羅蜜
인욕바라밀 여래설 비인욕바라밀

是名忍辱波羅蜜 何以故 須菩提
시명인욕바라밀 하이고 수보리

如我昔爲歌利王 割截身體 我於爾
여아석위가리왕 할절신체 아어이

時 無我相 無人相 無衆生相 無壽
시 무아상 무인상 무중생상 무수

者相 何以故 我於往昔節節支解時
자상 하이고 아어왕석절절지해시

若有我相人相衆生相壽者相 應生
약유아상인상중생상수자상 응생

瞋恨 須菩提 又念過去於五百世 作
진한 수보리 우념과거어오백세 작

忍辱仙人 於爾所世 無我相 無人相
인욕선인 어이소세 무아상 무인상

無衆生相 無壽者相 是故 須菩提
무중생상 무수자상 시고 수보리

菩薩應離一切相 發阿耨多羅三藐
보살응리일체상 발아뇩다라삼먁

三菩提心 不應住色生心 不應住聲
삼보리심 불응주색생심 불응주성

香味觸法生心 應生無所住心 若心
향미촉법생심 응생무소주심 약심

有住 卽爲非住 是故 佛說 菩薩 心
유주 즉위비주 시고 불설 보살 심

不應住色布施 須菩提 菩薩 爲利益
불응주색보시 수보리 보살 위이익

一切衆生 應如是布施 如來說一切
일체중생 응여시보시 여래설일체

諸相 卽是非相 又說 一切衆生 卽
제상 즉시비상 우설 일체중생 즉

非衆生 須菩提 如來 是眞語者 實
비중생 수보리 여래 시진어자 실

語者 如語者 不誑語者 不異語者
어자 여어자 불광어자 불이어자

須菩提 如來所得法 此法 無實無虛
수보리 여래소득법 차법 무실무허

須菩提 若菩薩 心住於法 而行布施
수보리 약보살 심주어법 이행보시

如人入闇 卽無所見 若菩薩 心不
여인입암 즉무소견 약보살 심부

住法 而行布施 如人有目 日光明照
주법 이행보시 여인유목 일광명조

見種種色 須菩提 當來之世 若有善
견종종색 수보리 당래지세 약유선

男子善女人 能於此經 受持讀誦 卽
남자선여인 능어차경 수지독송 즉

爲如來 以佛智慧 悉知是人 悉見是
위여래 이불지혜 실지시인 실견시

人 皆得成就無量無邊功德
인 개득성취무량무변공덕

그때 수보리가 둘이 아닌 경의 설하심을 듣고 깊이 그 뜻을 깨달아 과거 부父와 현재 자子가 상봉하여 눈물과 기쁨이 둘이 아닌 까닭에 부처님께 사뢰었다. 희유하십니다, 세존이시여. 부처님께서 정신계와 물질계가 둘이 아닌 깊은 경을 설하심이니 나 아닌 나가 과거사를 아는 바 혜안으로도 미처

이 같은 경과 선이 둘 아닌 말씀은 얻어듣지 못하였습니다. 세존이시여, 만약 어떤 사람이 이 말씀을 듣고 신심을 내면 깊이 진실하게 내며 곧 실상의 근본을 얻으려니와 이 사람은 진정코 제일의 공덕을 성취할 것을 믿겠습니다. 세존이시여, 이 실상이란 상이 아니기에, 이런 까닭에 여래께서는 실상이라 이름하셨습니다. 세존이시여, 제가 이와 같은 공하여 그대로 여여한 경의 말씀을 듣고 믿어 알고 받아 지니기는 어렵지 않사오나 만약 미래 세상 후 현재 세상이 왔을 때에 그 어떤 중생이 이 경의 말씀을 얻어듣고 믿어 알고 미래를 돌아 현재 오늘에 그 경의 말씀을 내면에 받아 지니면 이 사람은 위없는 진실한 사람일 것입니다. 왜냐하면 이 사람은 아상이 없고 나다, 내가 했다, 내가 위대하다 하는 게 없기 때문입니다. 그 까닭이 무엇인가 하면 깨달으면 곧 아상이 상이 아니며 나다, 내가 했다, 내가 위대하다 하는 것이 곧 상이 아니기 때문입니다. 왜냐하면 일체 모든 상을 여읜 까닭에 모두가 부처라 이름하기 때문입니다.

부처님께서 수보리에게 이르시되 그렇다, 만약 어떤 사람이 이 경의 말씀을 듣고 일체 무심세계에서 놀라지 않고 두려워하거나 겁내지 않으면 마땅히 알라, 이 사람의 마음은 더없이 밝고 맑음이니라. 왜냐하면 수보리야, 여래가 설하는 제일바라밀은 곧 제일바라밀이 아니요 그 이름이 제일바라밀이니라. 수보리야, 몸으로 고행을 하는 것도 여래는 몸으로 고행을 하는 것이 아니라고 설하신다. 그 이름이 고행한다는 것이니라. 왜냐하면 수보리야, 내가 나의 뿌리 즉, 자성왕에게 몸이 갈기갈기 찢기는 듯 고행을 했어도 그때에 나는 모든 상을 무심으로, 정신과 물질을 둘로 보지 않았으며 나다, 내가 했다, 내가 위대하다든가 그런 마음이 없었기 때문이다. 왜냐하면 나의 육신이 내면 부의 채찍에 사지가 마디마디 찢기는 듯 아파도 만약에 모든 상이나 물질에 치우쳐 둘로 생각했다면 자기가 있기에 자기 탓인 줄도 모르고 남을 원망하고 증오하며 미워하는 마음을 내었을 것이기 때문이다. 수보리야, 과거 현재 미래 없는 오백 세 동안 인욕을 내면에 돌려놓고 있었던 일을 생각하였느니라. 그때 세상에서도 아상이 없었고 인상·중생상·수자상도 없었느니라. 그러므로 수보리야, 깨달은 사람은 응당 일체, 일체 상을 떠나서 위없는 진실한 한마음으로 조건 없는 자비심을 낼지니 응당 모든 물질에 마음을 내지 말고 이론이나 냄새·감촉·법을 내면에 놓고 공한 마음이니, 고정된 바가 없으니 함이 없는 마음을 낼지니라. 마음은 찰나찰나 화하는데 머물 곳이 있으랴.

그러므로 부처님께서 말씀하시기를 깨달은 사람은 모든 물질에 탐이 없이 한마음 내어 보시하라. 수보리야, 깨달은 이는 일체 중생을 이익되게 하기 위해 응신으로 화하여 나투며 보시하느니라. 여래가 설하신 일체 모든 상이 곧 상이 아니며 또한 일체 중생이라고 설함도, 곧 중생이 아닌 것이라고 함도 부처 중생이 둘이 아닌 까닭이니라. 수보리야, 여래는 진실한 말을 하는 자이며 말이 아닌 진실한 말을 하는 자이며, 거짓 없이 말하는 자이며 거짓 아닌 참을 말하는 자이며, 말 아닌 말을 하지 않는 자이다. 수보리야, 여래가 얻은 법은 있는 것도 없고 없는 것도 없느니라. 수보리야, 만약 깨달은

사람의 마음이 법에 고정된 관념으로 보시 한다 하면 사람이 캄캄한 통 속에서 보지 못 함과 같고 만약 깨달은 사람의 마음이 법에 걸림 없이 보시행을 하면 마치 사람이 심안 이 밝아서 일체를 보는 사이 없이 보는 것 과 같느니라.

수보리야, 미래에 오는 현재 세상에 어떤 지혜 있는 남녀가 부처님께서 설하신 경을 받아 지니고 읽고 믿으면, 곧 일체 만물만생의 한마음 속에 부처님의 지혜로써 마음이 통하는 사람은, 우주 법계에서도 보는 것도 말하는 것도 마음도 일체 통한 이런 사람은 한량없고 끝없는 공덕을 성취하게 되리라.

15. 선과 경을 둘이 아니게 지닌 공덕은 자유로워서

持經功德分 第十五
지경공덕분 제십오

須菩提 若有善男子善女人 初日分
수보리 약유선남자선여인 초일분

以恒河沙等身 布施 中日分 復以
이항하사등신 보시 중일분 부이

恒河沙等身 布施 後日分 亦以恒
항하사등신 보시 후일분 역이항

河沙等身 布施 如是無量百千萬億
하사등신 보시 여시무량백천만억

劫 以身布施 若復有人 聞此經典
겁 이신보시 약부유인 문차경전

信心不逆 其福勝彼 何況書寫受持
신심불역 기복승피 하황서사수지

讀誦 爲人解說 須菩提 以要言之
독송 위인해설 수보리 이요언지

是經 有不可思議不可稱量 無邊功
시경 유불가사의불가칭량 무변공

德 如來爲發大乘者說 爲發最上乘
덕 여래위발대승자설 위발최상승

者說 若有人 能受持讀誦 廣爲人說
자설 약유인 능수지독송 광위인설

如來 悉知是人 悉見是人 皆得成
여래 실지시인 실견시인 개득성

就不可量不可稱無有邊 不可思議
취불가량불가칭무유변 불가사의

功德 如是人等 卽爲荷擔如來 阿耨
공덕 여시인등 즉위하담여래 아뇩

多羅三藐三菩提 何以故 須菩提 若
다라삼먁삼보리 하이고 수보리 약

樂小法者 着我見人見衆生見壽者
요소법자 착아견인견중생견수자

見 卽於此經 不能聽受讀誦 爲人解
견 즉어차경 불능청수독송 위인해

說 須菩提 在在處處 若有此經 一
설 수보리 재재처처 약유차경 일

切世間天人阿修羅 所應供養 當知
체세간천인아수라 소응공양 당지

此處 卽爲是塔 皆應恭敬作禮圍繞
차처 즉위시탑 개응공경작례위요

以諸華香 而散其處
이제화향 이산기처

수보리야, 어떤 지혜 있는 남녀가 있어 아침나절에 찰나에 천백억화신이 응신으로 나투며 자비 보시하고 낮밤이 없이 원심에서 갠지스강 모래 수같이 천차만별의 모습으로 응신되어 나투며 보시하고, 아침 저녁에도 원심에서 갠지스강 모래 수같이 응신으로 화하여 나투며 보시하였네. 이와 같이 아침 저녁 점심 둘이 아닌 주장심의 한마음으로 헤아릴 수 없이 백천만억 겁을 천차만별의 모습으로 나투어 응신으로서 보시하였으니 한마음의 응신의 보시는 끝이 없어라. 만약 어떤 사람이 선과 경을 둘이 아니게 지니고 듣고 믿는 마음으로 배척하지 않으면 그 공덕이 끝간 데 없으리라. 진실한 마음으로 베껴 쓰고 받아 지녀 읽고 내면에 몰락 놓고 감사히 생각하면서 남을 위해 알아듣게 설명해 줌에 이 세상이 공심인 줄 알리라.

수보리야, 요약해서 말할진대 이 경은 마음 떠난 적 없는, 즉 둘이 아닌 까닭에 생각할 수도 없으며 잴 수도 없는 한없는 공덕이 있느니라. 여래는 대승에 발심한 자를 위해 선과 경이 둘 아닌 설법을 하시며 최상승에 발심한 자를 위해 설하시느니 어떤 사람이 공생 · 공용 · 공체 · 공식인 도리를 내면에 지니고 읽어서 널리 사람들을 위해 설한다면, 여래는 이 사람들을 모두 알며 모두를 보나니 모두들 헤아릴 수 없고 잴 수도 없고 말할 수도 없고 끝이 없고 생각할 수도 없는 공덕을 성취하게 되리라. 이런 사람들은 곧 여래의 위없는 진실한 한마음을 깨우친 마음과 둘 아닌 한마음으로 밝았느니라.

왜냐하면 수보리야, 작은 법을 좋아하는 자는 나의 마음으로부터 일거일동 집착하게 되므로 무명 굴레를 벗어나지 못하느니 곧 선과 경을 둘 아닌 진실한 마음으로 읽고 받아 지녀서 남을 위해 해설해 주면 고에서 벗어나게 되느니 그 공덕이 크니라. 수보리야, 어느 곳이든 일체 둘이 아닌 경이 있는 곳이라면 일체 세간 천인들의 마음이 밝아서 응당 한마음의 재식공양을 하리라. 마땅히 알라. 곧 내 마음 근본이 탑이 됨이라. 마음의 근본이 탑이라면 공경을 갖추어 고정됨이 없이 마음이 나투어 돌며 아름다운 마음으로 향기로운 마음 내어 만물만생에게 자비의 마음을 뿌리리라.

16. 능히 이러하다면 업장 굴레에서 벗어나리라

能 淨 業 障 分　第 十 六

능정업장분 제십육

復次 須菩提 善男子善女人 受持讀
부차 수보리 선남자선여인 수지독

誦此經 若爲人輕賤 是人 先世罪業
송차경 약위인경천 시인 선세죄업

應墮惡道 以今世人 輕賤故 先世罪
응타악도 이금세인 경천고 선세죄

業 卽爲消滅 當得阿耨多羅三藐三
업 즉위소멸 당득아뇩다라삼먁삼

菩提 須菩提 我念 過去無量阿僧祇
보리 수보리 아념 과거무량아승지

劫 於燃燈佛前 得値八百四千萬億
겁 어연등불전 득치팔백사천만억

那由他諸佛 悉皆供養承事 無空過
나유타제불 실개공양승사 무공과

者 若復有人 於後末世 能受持讀
자 약부유인 어후말세 능수지독

誦此經 所得功德 於我所供養 諸
송차경 소득공덕 어아소공양 제

佛功德 百分不及一 千萬億分乃至
불공덕 백분불급일 천만억분내지

算數譬喩 所不能及 須菩提 若善
산수비유 소불능급 수보리 약선

男子善女人 於後末世 有受持讀誦
남자선여인 어후말세 유수지독송

此經 所得功德 我若具說者 或有人
차경 소득공덕 아약구설자 혹유인
聞 心卽狂亂 狐疑不信 須菩提 當知
문 심즉광란 호의불신 수보리 당지
是經義 不可思議 果報亦不可思議
시경의 불가사의 과보역불가사의

다시 수보리야, 어떤 지혜로운 남녀가 공한 진리의 경을 독송하여도 남에게서 갖은 수모를 받는다 하면 이 사람은 전생의 죄업으로 응당 악도에 떨어질 것이나 이 세상에서 갖은 수모를 받는 까닭에 선세의 죄업이 곧 소멸되리라. 마땅히 위없는 진실한 깨달음을 얻으리라. 수보리야, 내가 과거 아닌 과거에 불바퀴에서 생각해 보니 밝은 마음이 어제 오늘 없는 사무 사유 둘이 아니어서 사천만억 나유타의 일체 부처님의 한마음이 내 마음과 둘이 아니게 통하여 만나서 모두 다 둥근 떡으로 삼세를 공양하여도 줄지 않는 공양을 베풀어 영원하리라.

만약 어떤 사람이 있어 미래를 지나 오늘 세상에 말세가 와도 말세는 그 이름일 뿐이라 능히 선과 경을 둘이 아니게 내면에 지니고 독송하되 함이 없이 한다면 얻은 바 없이 공덕이 되리라. 내가 여러 부처님께 공양한 바 없이 공양을 올렸기에 공덕 아닌 공덕이라. 나의 이러한 공덕은 공양한 바 없기에 백분의 일에 못 미침도 없고 천만억분의 일에 못 미침도 없음이니 숫자로 비유할 수 없어서 없다고 하는 까닭이니라. 수보리야, 만약 지혜로운 남녀가 이후 말세에 이 경을 내면에 새겨 놓아 둘 아니게 공하였음을 안다면 그 공덕을 깨우침의 한마음으로 내가 설하여도 혹 어떤 사람은 못 믿는 마음이 일어 의심하고 믿지 않으리니 수보리야, 마땅히 알라. 심안경설은 생각으로 의논할 수 없고 모든 과보도 가히 생각으로 헤아릴 수 없나니라.

17. 끝 간 데 없이 내가 없음이라

究竟無我分 第十七
구경무아분 제십칠

爾時 須菩提 白佛言 世尊 善男子
이시 수보리 백불언 세존 선남자

善女人 發阿耨多羅三藐三菩提心
선여인 발아뇩다라삼먁삼보리심

云何應住 云何降伏其心 佛告須菩
운하응주 운하항복기심 불고수보

提 若善男子善女人 發阿耨多羅三
리 약선남자선여인 발아뇩다라삼

藐三菩提心者 當生如是心 我應滅
먁삼보리심자 당생여시심 아응멸

度一切衆生 滅度一切衆生已 而無
도일체중생 멸도일체중생이 이무

有一衆生 實滅度者 何以故 須菩提
유일중생 실멸도자 하이고 수보리

若菩薩 有我相人相衆生相壽者相
약보살 유아상인상중생상수자상

卽非菩薩 所以者何 須菩提 實無
즉비보살 소이자하 수보리 실무

有法發阿耨多羅三藐三菩提心者
유법발아뇩다라삼먁삼보리심자

須菩提 於意云何 如來 於燃燈佛
수보리 어의운하 여래 어연등불

所 有法得阿耨多羅三藐三菩提不
소 유법득아뇩다라삼먁삼보리부

不也 世尊 如我 解佛所說義 佛 於
불야 세존 여아 해불소설의 불 어

燃燈佛所 無有法得阿耨多羅三藐
연등불소 무유법득아뇩다라삼먁

三菩提 佛言 如是如是 須菩提 實
삼보리 불언 여시여시 수보리 실

無有法 如來 得阿耨多羅三藐三菩
무유법 여래 득아뇩다라삼먁삼보

提 須菩提 若有法 如來得阿耨多羅
리 수보리 약유법 여래득아뇩다라

三藐三菩提者 燃燈佛 卽不與我授
삼먁삼보리자 연등불 즉불여아수

記 汝於來世 當得作佛 號釋迦牟尼
기 여어래세 당득작불 호석가모니

以實無有法 得阿耨多羅三藐三菩
이실무유법 득아뇩다라삼먁삼보

提 是故 燃燈佛 與我授記 作是言
리 시고 연등불 여아수기 작시언

汝於來世 當得作佛 號釋迦牟尼
여어래세 당득작불 호석가모니

何以故 如來者 卽諸法如義 若有人
하이고 여래자 즉제법여의 약유인

言如來得阿耨多羅三藐三菩提 須
언여래득아뇩다라삼먁삼보리 수

菩提 實無有法 佛得阿耨多羅三藐
보리 실무유법 불득아뇩다라삼먁

三菩提 須菩提 如來所得阿耨多羅
삼보리 수보리 여래소득아뇩다라

三藐三菩提 於是中 無實無虛 是故
삼먁삼보리 어시중 무실무허 시고

如來說一切法 皆是佛法 須菩提 所
여래설일체법 개시불법 수보리 소

言一切法者 卽非一切法 是故 名一
언일체법자 즉비일체법 시고 명일

切法 須菩提 譬如人身長大 須菩提
체법 수보리 비여인신장대 수보리

言 世尊 如來說人身長大 卽爲非大
언 세존 여래설인신장대 즉위비대
身 是名大身 須菩提 菩薩 亦如是
신 시명대신 수보리 보살 역여시
若作是言 我當滅度無量衆生 卽不
약작시언 아당멸도무량중생 즉불
名菩薩 何以故 須菩提 實無有法名
명보살 하이고 수보리 실무유법명
爲菩薩 是故 佛說一切法 無我無人
위보살 시고 불설일체법 무아무인
無衆生無壽者 須菩提 若菩薩 作是
무중생무수자 수보리 약보살 작시
言 我當莊嚴佛土 是不名菩薩 何以
언 아당장엄불토 시불명보살 하이
故 如來說莊嚴佛土者 卽非莊嚴 是
고 여래설장엄불토자 즉비장엄 시
名莊嚴 須菩提 若菩薩 通達無我法
명장엄 수보리 약보살 통달무아법
者 如來說 名眞是菩薩
자 여래설 명진시보살

그때 수보리가 부처님께 사뢰었다. 세존이
시여, 지혜로운 남녀가 위없는 진실한 한마

음을 깨우쳐 걸림 없이 다스리니 어떻게 행하며 어떻게 그 마음을 항복받으오리까. 부처님께서 이르시되 지혜로운 남녀가 위없는 진실한 한마음을 깨우쳐 걸림 없이 일체를 다스려서 마땅히 이와 같이 공심을 내게 하리라. 내가 응당 일체 중생을 업의 굴레에서 법에 의해 벗어나게 할 것이나 일체 중생 자신들이 벗어나게 해야 이후에도 고에서 벗어나리라. 실은 멸하게 해 주어도 자신이 모르면 세세생생 고의 굴레에서 벗어날 수 없나니라. 왜냐하면 수보리야, 만약 보살이 일체 나라는 상을 놓지 않고 둘로 본다면 보살이 아니니 내가 모든 상에서 벗어나야, 삼세의 굴레에서 벗어나야 곧 보살이 아님을 알 수 있는 깨달음이니라.

까닭이 무엇인가, 수보리야. 실로 법이 있어서 뜻에 의해 위없는 진실한 한마음을 내어 중생을 다 건졌다 해도 건진 게 없느니라. 수보리야, 생각이 어떠하냐. 여래가 한마음 불바퀴 속에서 위없는 진실의 한마음을 깨우친 법이 있겠느냐. 아니옵니다, 세존이시여. 제가 부처님께서 설하신 바 뜻을 알기로는 부처님께서는 한마음 불바퀴 처소에서 위없는 진실한 한마음을 깨우친 법이 있지 않습니다. 부처님께서 말씀하시되 함이 없이 하는 까닭이니라. 수보리야, 실로 법이 따로 있어 여래가 위없는 진실한 한마음을 깨우쳐 얻은 바가 아니니라. 수보리야, 만약 법이 있어 여래가 위없는 진실한 한마음의 도리를 깨우쳐 얻을진대 한마음 불바퀴 속에서 나에게 수기하면서 너는 다음 생에 마땅히 부처를 이루리니 명호를 석가모니로 하리라 하였으랴. 그러나 이는 함이 없이 하신 말씀이니 실로 법이 아닌 법이라, 위없는 진실한 한마음의 깨달음은 얻은 것이 아니므로 얻은 것이니라.

이런 까닭에 연등불께서 나에게 수기를 주며 말씀하여 이르되 너와 나와 둘이 아니게 내세에 마땅히 부처를 이뤄 호를 석가모니로 하리라 하신 것이다. 무슨 까닭이냐 하면 여래란 일체 만물만생의 법이 둘이 아닌 한마음으로 여여하게 돈다는 뜻이라. 만약 어떤 사람이 여래께서 위없는 진실한 한마음을 깨달았을 때 깨달음을 얻었다고 말하겠느냐. 수보리야, 실로 법이 있어 부처가 위없는 법을 얻은 것이 아니니라. 수보리야, 여래인 까닭에 얻은 바 없느니라. 위없는 진실한 한마음의 깨달음 가운데에 깨달았다 함도 없고 깨닫지 않음도 없느니라. 그런고로 둘이 아닌 여래가 설하는 일체 법이, 우주 만물만생 일체가 다 불법이니라. 수보리야, 말한 바 일체 법이라는 것은 곧 일체 법이 공하였으므로 이름하여 일체 법이니라. 수보리야, 비유하건대 사람 몸 속에 자생중생들이 헤아릴 수 없이 많고 많은 것과 같느니라.

수보리가 말씀드리기를 세존이시여, 일체가 뭉친 하나이신 여래께서 설한 안과 밖이 없는 사람 몸의 장대함도 고정됨이 없이 찰나찰나 화하는 까닭에 큰 몸이라 이름함이옵니다. 수보리야, 보살도 이와 같느니라. 만약 말을 하되 내가 무량 중생을 모든 고에서 벗어나게 한다 하면 곧 보살이라 이름할 수 없느니라. 왜냐하면 수보리야, 실로 법이 법이 아닌 까닭에 보살이라 이름하지 않기 때문이니라.

그러므로 부처님이 설하되 일체 법은 마음도 없고 나도 없고 중생도 없고 수자壽者도 없다 하느니라. 수보리야, 만약 보살이 생각하여 말을 하되 내가 깨우쳤다, 내가 불국토를 장엄한다 하면 보살이라 이름할 수 없느니라. 무슨 까닭인가, 여래가 설한 불국토를 장엄함이란 곧 장엄이 아니라 일체 공한 까닭에 그 이름이 장엄이니라. 수보리야, 만약 보살이 무아의 법을 통달한 자라면 일체 한 마음의 여래는 참다운 보살이라, 이름하여 큰 보살이라 하느니라.

18. 일체 만물만생을 둘 아니게 봄이니

一 體 同 觀 分　第 十 八

일체동관분 제십팔

須 菩 提　於 意 云 何　如 來 有 肉 眼 不　如

수보리 어의운하 여래유육안부 여

是　世 尊　如 來 有 肉 眼　須 菩 提　於 意

시 세존 여래유육안 수보리 어의

云何 如來有天眼不 如是 世尊 如
운하 여래유천안부 여시 세존 여

來有天眼 須菩提 於意云何 如來有
래유천안 수보리 어의운하 여래유

慧眼不 如是 世尊 如來有慧眼 須
혜안부 여시 세존 여래유혜안 수

菩提 於意云何 如來有法眼不 如是
보리 어의운하 여래유법안부 여시

世尊 如來有法眼 須菩提 於意云何
세존 여래유법안 수보리 어의운하

如來有佛眼不 如是 世尊 如來有佛
여래유불안부 여시 세존 여래유불

眼 須菩提 於意云何 如恒河中所有
안 수보리 어의운하 여항하중소유

沙 佛說是沙不 如是 世尊 如來說
사 불설시사부 여시 세존 여래설

是沙 須菩提 於意云何 如一恒河中
시사 수보리 어의운하 여일항하중

所有沙 有如是沙等恒河 是諸恒河
소유사 유여시사등항하 시제항하

所有沙數佛世界 如是寧爲多不 甚
소유사수불세계 여시영위다부 심

多 世尊 佛告須菩提 爾所國土中
다 세존 불고수보리 이소국토중

所有衆生 若干種心 如來悉知 何以
소유중생 약간종심 여래실지 하이
故 如來說諸心 皆爲非心 是名爲心
고 여래설제심 개위비심 시명위심
所以者何 須菩提 過去心不可得 現
소이자하 수보리 과거심불가득 현
在心不可得 未來心不可得
재심불가득 미래심불가득

수보리야, 어떻게 생각하느냐. 여래가 육안이 있느냐. 그렇습니다, 세존이시여. 여래는 심안이 있습니다. 수보리야, 어떻게 생각하느냐. 여래에 천안이 있겠느냐. 그렇습니다, 세존이시여. 여래는 일체 천안이 있습니다. 수보리야, 어떻게 생각하느냐. 여래에 혜안이 있겠느냐. 그렇습니다, 세존이시여. 여래는 삼천대천세계 만물만생을 보는 사이 없이 다 보십니다.

수보리야, 어떻게 생각하느냐. 여래에 법

안이 있겠느냐. 그렇습니다, 세존이시여. 여래는 우주 만물만생을 두루 비춰 아십니다. 수보리야, 어떻게 생각하느냐. 여래에 불안이 있겠느냐. 그렇습니다, 세존이시여. 일체 우주 만물만생의 움직임 없는 움직임을 찰나에 다 아시고 보십니다. 수보리야, 어떻게 생각하느냐. 갠지스강의 모래알같이 일체제불의 한마음의 부처가 그렇게 설한 적이 있느냐. 그러합니다, 세존이시여. 여래는 저 모래알같이 응신으로 화하여 두루 아니 건지고 아니 설하심이 없으십니다. 수보리야, 어떻게 생각하느냐. 한 갠지스강에 있는 모래수와 같이 그만큼의 갠지스강이 있고 그 모든 갠지스강에 있는 모래 수만큼 많은 생명의 밝음이 있으며 이 모든 공空 안에 그 모래 수만큼의 불세계가 있다면 얼마나 많다고 하겠느냐. 매우 많습니다, 세존이시여.

부처님께서 수보리에게 이르시되 저 국토 가운데 있는 중생의 천차만별 종류의 마음을 여래는 다 알고 응해 주시느니 무슨 까닭인가. 여래가 천차만별의 마음들에게 설한 마음은 모두 마음이 아니고 그 이름이 마음인 것이니라. 까닭은 무엇인가, 수보리야. 과거심도 현재심, 미래심도 현재심, 현재심도 현재심으로 가득 차 공한 까닭이니라.

19. 법계를 두루 찰나찰나 화합이니라

法界通化分 第十九
법계통화분 제십구

須菩提 於意云何 若有人 滿三千大
수보리 어의운하 약유인 만삼천대

千世界七寶 以用布施 是人 以是
천세계칠보 이용보시 시인 이시

因緣 得福多不 如是 世尊 此人 以
인연 득복다부 여시 세존 차인 이
是因緣 得福甚多 須菩提 若福德
시인연 득복심다 수보리 약복덕
有實 如來不說得福德多 以福德 無
유실 여래불설득복덕다 이복덕 무
故 如來說得福德多
고 여래설득복덕다

수보리야, 어떻게 생각하느냐. 만약 어떤 사람이 삼천대천세계를 둘 아닌 한마음의 칠보 보배로 가득 채워 보이는 사람, 안 보이는 중생, 일체 만민에게 넣어도 두드러지지 않고 꺼내도 줄지 않는 보시를 한다면 이 사람은 이 인연으로 복을 받음이 많겠느냐. 그렇습니다, 세존이시여. 이 사람은 이 인연에 의해 일체 만유의 둘이 아닌 공덕이 되겠습니다. 수보리야, 만약 공덕이 정말 있을진대 여래가 공덕을 얻었다고 설하지 않았을 것이다. 공덕이 공한 까닭에 없으니 여래는 공덕이 크다고 말하느니라.

20. 색과 상을 여읨이니

離色離相分 第二十
이색이상분 제이십

須菩提 於意云何 佛 可以具足色身
수보리 어의운하 불 가이구족색신
見不 不也 世尊 如來 不應以具足
견부 불야 세존 여래 불응이구족
色身 見 何以故 如來說具足色身
색신 견 하이고 여래설구족색신
卽非具足色身 是名具足色身 須菩
즉비구족색신 시명구족색신 수보
提 於意云何 如來 可以具足諸相
리 어의운하 여래 가이구족제상
見不 不也 世尊 如來 不應以具足
견부 불야 세존 여래 불응이구족

諸相 見 何以故 如來說諸相具足
제상 견 하이고 여래설제상구족
卽非具足 是名諸相具足
즉비구족 시명제상구족

수보리야, 어떻게 생각하느냐. 부처란 색신을 갖춘 것으로 볼 수 있겠느냐. 아니옵니다, 세존이시여. 여래를 구족한 색신이라고 보지 못합니다. 왜냐하면 여래가 설하는 구족색신이란 곧 구족한 색신이 아니기에 구족색신이라 이름하는 것입니다.

수보리야, 어떻게 생각하느냐. 여래를 일체 상이 구족한 것으로 볼 수 있겠느냐. 아니옵니다, 세존이시여. 여래를 보려면 구족한 상으로는 볼 수 없습니다. 왜냐하면 여래가 설하는 것은 일체 상으로 구족한 것이 곧 구족이 아니라 그 이름이 제상 구족인 때문입니다.

21. 마음과 마음으로 통하는 설법이니라

非說所說分 第二十一
비설소설분 제이십일

須菩提 汝勿謂 如來作是念 我當有
수보리 여물위 여래작시념 아당유
所說法 莫作是念 何以故 若人 言
소설법 막작시념 하이고 약인 언
如來有所說法 卽爲謗佛 不能解我
여래유소설법 즉위방불 불능해아
所說故 須菩提 說法者 無法可說
소설고 수보리 설법자 무법가설
是名說法 爾時 慧命須菩提 白佛言
시명설법 이시 혜명수보리 백불언
世尊 頗有衆生 於未來世 聞說是法
세존 파유중생 어미래세 문설시법
生信心不 佛言 須菩提 彼非衆生
생신심부 불언 수보리 피비중생
非不衆生 何以故 須菩提 衆生衆生
비불중생 하이고 수보리 중생중생
者 如來說非衆生 是名衆生
자 여래설비중생 시명중생

수보리야, 너는 여래가 생각을 하되 내가 마땅히 설한 바 법이 있다고 말하지 말라. 왜냐하면 만약에 어떤 사람이 말하되 여래가 설한 바 없이 설한 까닭에 법이 있다고 한다면 곧 부처님을 비방함이니 내가 설한 바 없이 설한 것을 지혜롭게 알지 못하는 까닭이니라. 수보리야, 설법이란 것은 함이 없이 설한 법이니 설한 바 없음을 이름하여 법이라 하느니라.

그때 혜명 수보리가 부처님께 사뢰었다. 세존이시여, 어떤 중생이 미래세 오늘에 이 법을 설함을 듣고서 믿는 마음을 내겠습니까. 부처님께서 말씀하시되 수보리야, 저들은 오늘의 중생과 다름없어 중생이 아니며 중생이 아님도 아니니라. 무슨 까닭인가, 수보리야. 중생 중생이란 여래가 설하되 중생이라 함은 중생이 아니라 그 이름이 중생이니라.

22. 일체 법이 공하여 고정됨이 없이 화하여 그냥 여여한 까닭에 얻을 것이 없음이니라

無法可得分 第二十二
무법가득분 제이십이

須菩提 白佛言 世尊 佛 得阿耨多
수보리 백불언 세존 불 득아뇩다

羅三藐三菩提 爲無所得耶 佛言 如
라삼먁삼보리 위무소득야 불언 여

是如是 須菩提 我於阿耨多羅三藐
시여시 수보리 아어아뇩다라삼먁

三菩提 乃至 無有少法可得 是名阿
삼보리 내지 무유소법가득 시명아

耨多羅三藐三菩提
뇩다라삼먁삼보리

수보리가 부처님께 사뢰되 세존이시여, 부처님께서 위없는 진실한 마음을 얻은 마음은 얻은 바 없음이 되는지요. 부처님께서 말씀하시되, 일체가 둘이 아니게 화하여 고정됨이 없이 나투는 까닭에 얻은 바 없다 하였느니 그러하고 그러하다, 수보리야. 내가 위없는 진실한 한마음을 깨우쳤다 함도, 내지는 작은 법이라도 공한 까닭에 얻음이 없음이라 하느니 위없이 깨우침도 공하므로 공까지도 이름이니라.

23. 내면과 물질세계가 둘이 아닌 마음으로 선을 행함이니

淨心行善分 第二十三
정심행선분 제이십삼

復次須菩提 是法 平等 無有高下
부차수보리 시법 평등 무유고하
是名阿耨多羅三藐三菩提 以無我無
시명아뇩다라삼먁삼보리 이무아무
人無衆生無壽者 修一切善法 卽得
인무중생무수자 수일체선법 즉득

阿耨多羅三藐三菩提 須菩提 所言
아뇩다라삼먁삼보리 수보리 소언
善法者 如來說 卽非善法 是名善法
선법자 여래설 즉비선법 시명선법

다시 말하노니 수보리야, 이 법은 평등하여 높고 낮음이 없으므로 이를, 위없이 공 아닌 공하였음을 깨우침이라 이름하나니, 나도 없고 사람도 없고 중생도 없고 수자도 없이 나로 인하여 공하였음을 내면에 일체 놓고 선법을 닦아 행하면 곧 위없는 평등공법을 깨우쳐 얻으리라. 수보리야, 말한 바 선법이란 여래가 설하되 곧 선법이 아닌 선법이니라.

24. 복덕도 지혜도 둘이 아님이니라

福智無比分 第二十四
복지무비분 제이십사

須菩提 若三千大千世界中 所有諸
수보리 약삼천대천세계중 소유제
須彌山王 如是等七寶聚 有人 持用
수미산왕 여시등칠보취 유인 지용
布施 若人 以此般若波羅蜜經 乃至
보시 약인 이차반야바라밀경 내지
四句偈等 受持讀誦 爲他人說 於前
사구게등 수지독송 위타인설 어전
福德 百分 不及一 百千萬億分乃至
복덕 백분 불급일 백천만억분내지
算數譬喩 所不能及
산수비유 소불능급

수보리야, 만약 어떤 사람이 삼천대천세계 가운데 있는 일체 공세계의 한마음의 공덕을 가지고 칠보로 보시한다면 일체가 둘이 아닌 까닭에 보시한 사이가 없음이니라. 만약 어떤 사람이 반야바라밀의 둘이 아닌 경의 말씀으로써 사구게가 따로 없는 밝은 마음으로 받아 내면에 지니고 읽고 외워서 남을 위해 설한다면 앞도 뒤도 없는 공덕의 칠보 보시란 백분의 일도 없고, 백천만억분의 일도 없음이니 숫자로 비유할 수 없어 능히 미치지 못하였으므로 공함이라 했느니라.

25. 교화하되 교화함이 없이 함이니

化無所化分 第二十五
화무소화분 제이십오

須菩提 於意云何 汝等勿謂 如來作
수보리 어의운하 여등물위 여래작

是念 我當度衆生 須菩提 莫作是念
시념 아당도중생 수보리 막작시념

何以故 實無有衆生如來度者 若有
하이고 실무유중생여래도자 약유

衆生如來度者 如來卽有我人衆生
중생여래도자 여래즉유아인중생

壽者 須菩提 如來說有我者 卽非有
수자 수보리 여래설유아자 즉비유

我 而凡夫之人 以爲有我 須菩提
아 이범부지인 이위유아 수보리

凡夫者 如來說卽非凡夫 是名凡夫
범부자 여래설즉비범부 시명범부

수보리야, 어떻게 생각하느냐. 너희들은 여래께서 생각하여 마땅히 중생을 제도한다고 이런 말 하지 말라. 나는 중생을 제도하되 생각 없이 함이 없이 함이니라. 수보리야, 생각 없이 생각함이니 생각 내었다 하지 말라. 왜냐하면 공심 · 공용 · 공체 · 공식하며 찰나찰나 화하여 끝간 데 없음이니 여래가 제도할 중생이 없음이라 함이니라. 만약 여래가 제도할 중생이 있어 내가 제도했다 한다면 여래가 아니니라. 곧 한마음을 지닌 사람 즉, 중생이자 수자가 있음이니라. 수보리야, 여래가 설하되 내가 있음이란 곧 내가 있음이 아니라 함이니라. 범부들은 내가 있다고 생각하지만 수보리야, 범부라는 것이 여래가 설하되 곧 부처 범부가 따로 없음이라. 부처 범부란 이름이니라.

26. 법신은 상이 아님이니라

法身非相分 第二十六
법신비상분 제이십육

須菩提 於意云何 可以三十二相觀
수보리 어의운하 가이삼십이상 관
如來不 須菩提言 如是如是 以三十
여래부 수보리언 여시여시 이삼십
二相 觀如來 佛言 須菩提 若以三
이상 관여래 불언 수보리 약이삼
十二相觀如來者 轉輪聖王 卽是如
십이상관여래자 전륜성왕 즉시여

來 須菩提 白佛言 世尊 如我解佛
래 수보리 백불언 세존 여아해불
所說義 不應以三十二相觀如來 爾
소설의 불응이삼십이상관여래 이
時 世尊 而說偈言 若以色見我 以
시 세존 이설게언 약이색견아 이
音聲求我 是人行邪道 不能見如來
음성구아 시인행사도 불능견여래

수보리야, 어떻게 생각하느냐. 삼십이상으로써 여래를 볼 수 있다고 하겠느냐. 수보리가 말씀드리되 아니옵니다, 아니옵니다. 삼십이상으로써 여래를 볼 수 없습니다. 부처님께서 말씀하시되 수보리야, 만약 삼십이상으로써 여래를 본다면 전륜성왕도 여래라고 하리라. 수보리가 부처님께 사뢰었다. 세존이시여, 제가 부처님의 설하신 바 뜻을 이해하기로는 응당 삼십이상으로써 여래를 알 수 없습니다. 그때 세존께서 게송으로 설하셨다.

만약 색신으로 나를 보거나 음성으로 나를 구하면 그런 사람은 삿된 도를 행함이라, 능히 여래를 보지 못하리라.

27. 끊는 것도 없고 멸함도 없음이니

無斷無滅分 第二十七
무단무멸분 제이십칠

須菩提 汝若作是念 如來不以具足
수보리 여약작시념 여래불이구족
相故 得阿耨多羅三藐三菩提 須菩
상고 득아뇩다라삼먁삼보리 수보
提 莫作是念 如來 不以具足相故
리 막작시념 여래 불이구족상고
得阿耨多羅三藐三菩提 須菩提 汝
득아뇩다라삼먁삼보리 수보리 여
若作是念 發阿耨多羅三藐三菩提
약작시념 발아뇩다라삼먁삼보리
心者 說諸法斷滅 莫作是念 何以故
심자 설제법단멸 막작시념 하이고

發阿耨多羅三藐三菩提心者 於法
발아뇩다라삼먁삼보리심자 어법
不說斷滅相
불설단멸상

수보리야, 네가 이런 생각을 함이 없이 하되 여래는 구족한 상이 없이 하는 까닭에 위없고 진실한 한마음의 깨달음을 얻었다 생각하는가. 수보리야, 세상이 공하여 함이 없이 여여한데 얻었다 생각하지 말라. 여래는 구족하다는 상을 내지 않고 함이 없이 하는 까닭에 위없이 공한 진리의 한마음을 깨달아 얻었다고 말하리라. 수보리야, 네가 만약 그런 생각을 하되 위없는 진실한 한마음을 깨달은 자는 일체 법을 단멸하게 설한다고 생각하지 말라. 왜냐하면 위없는 진실한 한마음을 깨달은 자는 법에 있어서 단멸상을 말하지 않느니라.

28. 받지도 않고 탐하지도 않음이니

不受不貪分 第二十八
불수불탐분 제이십팔

須菩提 若菩薩 以滿恒河沙等世界
수보리 약보살 이만항하사등세계

七寶 持用布施 若復有人 知一切法
칠보 지용보시 약부유인 지일체법

無我 得成於忍 此菩薩 勝前菩薩
무아 득성어인 차보살 승전보살

所得功德 何以故 須菩提 以諸菩
소득공덕 하이고 수보리 이제보

薩 不受福德故 須菩提 白佛言 世
살 불수복덕고 수보리 백불언 세

尊 云何菩薩 不受福德 須菩提 菩
존 운하보살 불수복덕 수보리 보

薩 所作福德 不應貪著 是故 說不
살 소작복덕 불응탐착 시고 설불

受福德
수복덕

수보리야, 만약 보살이 갠지스강 모래 수

같은 세계에 가득 찬 한마음의 칠보로써 우주 만물만생 천차만별의 중생들에게 보시하더라도 함이 없는 함이라야 진정한 보시이니라. 만약 어떤 사람이 있어 일체 법이 무아임을 알아 인을 얻어 이루면 이 앞뒤 없는 보살은 어디다 비교할 수 없는 공덕이라는 이름 없는 공덕을 얻으리라. 왜냐하면 수보리야, 일체 보살은 만물만생 천차만별이 다 공한 까닭에 공덕을 얻었다고 하지 않는 까닭이니라. 수보리가 부처님께 사뢰었다. 세존이시여, 어찌하여 보살은 공덕을 받지 않습니까. 수보리야, 보살은 시공을 초월하여 일체가 둘이 아닌 까닭에 공덕에 탐착함이 없으니 그런고로 공덕을 받지 않는다고 설하는 것이니라.

29. 위없는 고요함이니

威儀寂靜分 第二十九
위의적정분 제이십구

須菩提 若有人言 如來若來若去若
수보리 약유인언 여래약래약거약

坐若臥 是人 不解我所說義 何以故
좌약와 시인 불해아소설의 하이고

如來者 無所從來 亦無所去 故名
여래자 무소종래 역무소거 고명

如來
여래

수보리야, 만약 어떤 사람이 말하기를 여래는 오고 감이 없이 오고 가며, 앉고 눕는 사이 없이 앉고 누움이 여여하다고 한다면 이 사람은 내가 설한 바 뜻을 알지 못함이니 일체가 여래 아닌 바가 없어서 여래는 어디로부터 온 바가 없고 또 갈 바도 없는 까닭에 이름을 여래라 하느니라.

30. 끝없는 진리와 현상은 하나임이니

一合理相分 第三十
일합이상분 제삼십

須菩提 若善男子善女人 以三千大
수보리 약선남자선녀인 이삼천대

千世界 碎爲微塵 於意云何 是微塵
천세계 쇄위미진 어의운하 시미진

衆 寧爲多不 須菩提言 甚多 世尊
중 영위다부 수보리언 심다 세존

何以故 若是微塵衆 實有者 佛卽
하이고 약시미진중 실유자 불즉

不說是微塵衆 所以者何 佛說微塵
불설시미진중 소이자하 불설미진

衆 卽非微塵衆 是名微塵衆 世尊
중 즉비미진중 시명미진중 세존

如來所說 三千大千世界 卽非世界
여래소설 삼천대천세계 즉비세계

是名世界 何以故 若世界實有者 卽
시명세계 하이고 약세계실유자 즉

是一合相 如來說 一合相 卽非一合
시일합상 여래설 일합상 즉비일합

相 是名一合相 須菩提 一合相者
상 시명일합상 수보리 일합상자
卽是不可說 但凡夫之人 貪着其事
즉시불가설 단범부지인 탐착기사

수보리야, 만약 어떤 지혜 있는 남녀가 삼천대천세계를 부숴서 티끌로 만든다면 어떻게 생각하느냐. 무의 중생 유의 중생, 일체 천차만별이 헤아릴 수 없이 티끌 같은데 어찌 많다고 하지 않겠느냐. 수보리가 말씀드리되 매우 많습니다, 세존이시여. 왜냐하면 이 많은 티끌들이 실제로 다 있는 것이라면 부처님께서는 곧 많은 티끌이라고 설하지 않았을 것입니다. 그 까닭이 무엇인가 하면 부처님께서 설하신 많은 티끌은 곧 티끌이 아니라 그 이름이 티끌입니다.

세존이시여, 여래께서 설하신 바 삼천대천세계는 곧 세계가 아니고 그 이름이 세계입니다. 왜냐하면 만약 세계가 실로 있는 것이라면 곧 둥근 모양이나 여래가 설하신 것은 공하여 하나로 시공을 초월해 찰나에 화하여 나툴 뿐 이름이 붙지 않습니다. 곧 둥근 원리가 하나로 들고 하나로 나는 진리도 이름이 원의 진리인 때문입니다. 수보리야, 하나로 합한 진리란 말로는 설할 수 없느니라. 다만 범부들이 이론과 이름, 말에 탐착할 뿐이니라.

31. 지견을 내지 않음이니

知見不生分 第三十一

지견불생분 제삼십일

須菩提 若人言 佛說我見人見衆生

수보리 약인언 불설아견인견중생

見壽者見 須菩提 於意云何 是人

견수자견 수보리 어의운하 시인

解我所說義不 不也 世尊 是人 不
해아소설의부 불야 세존 시인 불

解如來所說義 何以故 世尊說我見
해여래소설의 하이고 세존설아견

人見衆生見壽者見 卽非我見人見
인견중생견수자견 즉비아견인견

衆生見壽者見 是名我見人見衆生
중생견수자견 시명아견인견중생

見壽者見 須菩提 發阿耨多羅三藐
견수자견 수보리 발아뇩다라삼먁

三菩提心者 於一切法 應如是知
삼보리심자 어일체법 응여시지

如是見 如是信解 不生法相 須菩
여시견 여시신해 불생법상 수보

提 所言法相者 如來說卽非法相
리 소언법상자 여래설즉비법상

是名法相
시명법상

수보리야, 어떤 사람이 말하기를 부처님이 아견·인견·중생견·수자견을 설하였다 하면 수보리야, 어떻게 생각하느냐. 이 사람은 내가 설한 바 뜻을 알았다 하겠느냐. 아니옵니다, 세존이시여. 이 사람은 여래께서 설하신 바 뜻을 알지 못합니다. 왜냐하면 세존이시여, 세존이 설한 아견 · 인견 · 중생견 · 수자견은 곧 아견 · 인견 · 중생견 · 수자견이 아니라 그 이름이 아견 · 인견 · 중생견 · 수자견입니다.

수보리야, 위없는 진실한 한마음을 깨우친 사람은 일체 법에 있어 응당 둘이 아니게 화하여 고정됨이 없이 나툴 뿐의 도리를 알며, 이와 같이 보며 이와 같이 믿어서 법이라는 상을 내지 말라. 수보리야, 말한 바 법상이라는 것은 여래가 설하되 곧 모든 법상이 아니고 그 이름이 법상인 것이니라.

32. 천백억화신이 응신이 되어 만 중생에게 자비 보시를 천차만별로 응하시니 함이 없이 하십이네

應化非眞分 第三十二
응화비진분 제삼십이

須菩提 若有人 以滿無量阿僧祇世
수보리 약유인 이만무량아승지세

界七寶 持用布施 若有善男子善女
계칠보 지용보시 약유선남자선여

人 發菩薩心者 持於此經 乃至四句
인 발보살심자 지어차경 내지사구

偈等 受持讀誦 爲人演說 其福勝彼
게등 수지독송 위인연설 기복승피

云何爲人演說 不取於相 如如不動
운하위인연설 불취어상 여여부동

何以故 一切有爲法 如夢幻泡影
하이고 일체유위법 여몽환포영

如露亦如電 應作如是觀 佛說是經
여로역여전 응작여시관 불설시경

已 長老須菩提 及諸比丘比丘尼 優
이 장로수보리 급제비구비구니 우

婆塞優婆夷 一切世間天人阿修羅
바새우바이 일체세간천인아수라

聞佛所說 皆大歡喜 信受奉行
문불소설 개대환희 신수봉행

수보리야, 만약 어떤 사람이 있어 한량없는 아승지 아닌 아승지세계에 가득 찬 칠보 아닌 칠보로써 조건 없이 보시를 하더라도 함이 없는 보시라야 진정한 보시니라. 만약 어떤 지혜 있는 남녀가 보살의 마음을 내어 자비로 선과 경을 둘이 아니게 내면에 지니되 사구게 아닌 사구게 등을 내면에 지니고 독송하게 한다면 공덕이 크고 크니라. 남을 위해 설한다면 과거 현재 미래, 삼세 가운데 칠보 보시보다 더 큰 공덕을 얻으리라.

어떻게 남을 위해 설하는가. 나를 세우지 말고 여여하게 한마음으로 진실하게 하라. 무슨 까닭인가. 일체 물질세계는 환상 같고,

물거품 같고, 이슬 같고, 번개 같으니 응당 내가 있어서 상대가 있음이라. 용도에 따라 닥치는 대로 내면에 놓고 관할지어다.

갖은 꽃이 갖은 꽃이 피고 지고 피고 지고 피고 져서, 지고 피고 열매가 맺으니 제 나무에서 좁지 않고 넓지 않게 익어서 다들 응신으로서 응신들이, 다 갖은 중생들이 제 나무에서 무르익은 걸 먹고 주고 먹고 응신의 수기를 받아서 잘해 나가면 이 세상이 편안하고 우주가, 일체가 다 편안하다. 각색의 꽃이 피고 지는 대로, 지는 대로 열매 맺으면 그 열매는 제 나무에서 익어야 제 맛이 나네.

부처님께서 안과 밖이 없는 경설을 무심의 도리로 마치시니 장로 수보리와 여러 비구 비구니 우바새 우바이 여러 대중과 일체 세간 천상 인간 아수라 등이 부처님께서 설하신 바를 듣고 모두 크게 환희하며 믿고 받들어 행하도다.

제3장 수 행 修行

Ⅰ. 부처님의 가르침 ······ 257
Ⅱ. 조사어록 ······ 274
Ⅲ. 대행 스님 법훈 ······ 289
1. 영원한 나를 찾아서 / 법어 ······ 289
2. 나온 자리에 되놓는 공부 / 관법 ······ 296
3. 계단 없는 계단 / 공부의 삼 단계 ······ 302
4. 참주인으로 사는 길 / 법문 ······ 306

Ⅰ. 부처님의 가르침

최초의 설법

부처님은 보리수 아래서 깨달음을 얻으신 후 네란자라 강가에서 함께 수행하던 다섯 사문들을 향해 최초의 설법을 하셨다.

"수행의 길을 걷고 있는 사문들, 이 세상에는 두 가지 극단으로 치우치는 길이 있다. 사문은 그 어느 쪽에도 치우치지 말아야 한다. 두 가지 치우친 길이란, 하나는 육체의 요구대로 자신을 내맡겨 버리는 쾌락의 길이고, 또 하나는 육체를 너무 지나치게 학대하는 고행의 길이다. 사문은 이 두 가지 극단을 버리고 중도中道를 배워야 한다. 여래는 바로 이 중도의 이치를 깨달았다. 여래는 그 길을 깨달음으로써 열반에 도달한 것이다. 사문들, 그렇다면 중도란 무엇인가? 그것은 여덟 가지로 되어 있다. 바른 견해正見, 바른 생각正思惟, 바른 말正語, 바른 행위正業, 바른 생활正命, 바른 노력正精進, 바른 기억正念, 바른 수행正定이다."

팔정도八正道를 말씀하신 것이다. 다섯 사문들은 이내 그 길의 이치를 깨닫게 되어 기뻐하며 부처님께 진심으로 감사의 예배를 드렸다.

– 불교성전 佛敎聖傳

법의 바퀴를 굴리심

보리수 아래서 지혜의 눈을 뜨신 부처님은 하루도 쉬지 않고 여기저기 다니면서 지혜롭게 사는 길을 말씀하셨다. 부처님이 설법하실 때마다 부처님을 따라 출가하는 사람의 수는 점점 늘어 갔다. 그리고 출가할 수 없는 처지에 놓인 사람들은 그대로 부처님을 따르는 신도가 되었다. 부처님의 설법을 듣고 깨달아 아라한阿羅漢의 지위에 오른 제자가 오십여 명이 되었을 때 부처님은 그들을 한자리에 모아 놓고 이와 같이 말씀하셨다.

"여러 수행자들, 나는 인간을 얽어매는 모든 것에서 벗어나 완전히 자유롭게 되었다. 그대들도 인간의 속박에서 자유롭게 되었다. 이제 중생을 제도하기 위해 나아가라. 그러나 같은 길을 두 사람이 함께 가지는 말아라. 한결같이 훌륭한 법문을 중생들에게 들려주고 언제나 깨끗한 수행자의 생활을 하여라. 이 세상에는 때가 덜 묻은 사람도 많으니 그들이 훌륭한 법문을 듣게 되면 곧 깨달아 아라한의 지위에 오를 것이다."

이와 같이 하여 부처님의 가르침을 이 세상에 널리 펴 중생을 괴로움으로부터 건지는 교화 활동이 시작되었다. 제자들을 떠나보내기 전에 부처님은 다음과 같이 덧붙여 말씀하셨다.

"수행자들, 출가한 사람으로서 법을 펼 때 남에게 존경받겠다는 생각을 내서는 안 된다. 남을 도울 줄 모르고 법에 의하여 먹고 살려 하는 자는 '법을 먹는 아귀' 와 같은 자다. 또 너희가 전하는 법을 듣고 사람들은 기뻐할 것이다. 그럴 때 너희들은 교만해지기 쉽다. 사람들이 법을 듣고 기뻐하는 것을 보고 자기의 공덕처럼 생각하면 그는 벌써 법을 먹고 사는 아귀가 되어 버린 것이다. 그러므로 법을 갉아먹고 사는 아귀가 되지 않도록 항상 겸손해야 한다."

– 불교성전 佛敎聖傳

자신을 찾아라

부처님께서 바라나시를 떠나 마가다로 향하던 도중, 길에서 깊이 들어간 숲 속 한 나무 아래서 좌선을 하고 계셨다. 이때 한 무리의 젊은이들이 숲 속 여기저기에서 무엇인가를 찾아다니고 있었다. 나무 아래 조용히 앉아 있는 부처님을 보고 그들이 물었다.

"한 여자가 도망가는 것을 보지 못했습니까?"

그들은 근처에 사는 지체 있는 집안의 자제들이었다. 숲으로 놀러 온 이들은 모두 아내를 데리고 왔지만 한 독신자만 유녀를 데리고 왔다. 다들 노는 데만 정신이 팔려 있는 동안 그 유녀가 여러 사람의 옷과 값진 물건을 가지고 달아나 버렸다. 그래서 그 여인을 찾고 있는 중이라고 했다.

이와 같은 사정을 들은 부처님께서는 그들에게 말씀하셨다.

"젊은이들, 달아난 여인을 찾는 것과 자기 자신을 찾는 것 중에 어느 것이 더 중요한가?"

놀이에만 팔려 자기 자신을 잊어버리고 여인을 찾아 헤매던 그들은 부처님의 말씀을 듣고 정신을 차렸다.

"자기 자신을 찾는 일이 더 중요합니다."

"그럼 다들 거기 앉으라. 내가 이제 그대들을 위해 자기 자신을 찾는 법을 가르쳐 주겠다."

그들의 마음은 아직 세상에 물들지 않았으므로 이치에 맞는 부처님의 말씀을 듣고 곧 이해하였다. 삼십 명의 청년은 설법을 들은 뒤 그 자리에서 출가하였다.

부처님은 스스로 '길을 가리키는 사람' 이라고 하셨다. 만나는 사람마다 괴로움에서 벗어나 지혜롭고 평화롭게 사는 길을 가르쳐 주셨기 때문이다. 자기 자신은 결코 신앙의 대상이나 예배의 대상이 아니라고 힘주어 말씀하셨다. 부처님의 설법은 언제나 듣는 사람의 수준에 따라 달랐다. 의사가 환자의 병을 알고 나서 그 증세에 따라 알맞은 치료를 해 주듯이, 찾아와 묻는 사람들의 형편을 보아 여러 가지 방편으로 설법하셨다.

– 불교성전 佛敎聖傳

네 가지 진리 四聖諦

부처님께서 말씀하셨다.

“도를 닦는 이는 반드시 네 가지 진리를 알아야 한다. 어리석은 사람들은 진리를 알지 못해 오랫동안 바른 길에서 벗어나 생사生死에 매여 헤매느라고 쉴 새가 없다. 어떤 것이 네 가지 진리인가.

첫째는, 이 세상 모든 것이 괴로움이니 이것을 고苦라 한다.

둘째는, 괴로움은 집착으로 말미암아 생기는 것이니 이것을 집集이라 한다.

셋째는, 괴로움과 집착이 다하여 없어진 것이니 이것을 멸滅이라 한다.

넷째는, 괴로움과 집착을 없애는 길이니 이것을 도道라 한다.

괴로움의 뜻을 알지 못하고 지혜롭지 못하므로 오랫동안 먼 길을 헤매어 생사가 쉬지 않는다. 그러나 반드시 이 세상 모든 것이 괴로움임을 알 것이니 괴로움이란 태어나는 것, 늙는 것, 병드는 것, 죽는 것, 근심과 슬픔과 번민, 사랑하는 사람과 헤어지는 것, 미워하는 사람과 만나는 것, 구하는 것이 얻어지지 않는 것 등이다. 그러므로 오온五蘊으로 된 이 몸이 모든 괴로움이다. 이것이 괴로움인 줄 알고 애욕의 집착을 놓으면 눈을 얻었다고 하리니, 이 생을 마치고는 뒤에 다시 괴로움이 없게 된다. 집착 때문이라 함은 애욕을 따라 생긴다는 것이니, 괴로움과 집착을 모두 없애고 그 길을 따라 진리를 행하여 눈을 얻으면 이 생을 마친 뒤에는 다시 태어나지 않는다. 이미 진리를 보아 도의 눈을 얻은 이에게는 나고 죽음이 없다.

도를 얻으려면 여덟 가지 행을 닦아야 한다.
첫째는 마음을 다하여 여래의 가르침을 듣고
둘째는 애욕을 버려 갈등을 없애며
셋째는 살생과 도둑질과 음행 같은 것을 저지르지 않고
넷째는 속이고 아첨하며 나쁜 말로 꾸짖는 일을 하지 않으며
다섯째는 질투하고 욕심 내어 남들이 믿지 않는 일을 하지 않고
여섯째는 모든 것이 무상無常하고 고苦이고 공空이고 무아無我임을 생각하며
일곱째는 몸이 냄새나고 더럽고 깨끗하지 않음을 생각하고
여덟째는 몸에 탐착하지 않고 마침내는 흙에 들어갈 것이라고 아는 것이다.

지나간 세상의 모든 부처님들이 다 이 네 가지 진리를 알았고 앞으로 올 부처님도 이 진리를 볼 것이다. 세속적인 은혜와 사랑을 탐하고 바라거나 혹은 세상의 부귀영화와 명예와 오래 살기를 원하는 이는 세상을 벗어나는 길을 끝내 얻지 못한다.

길은 마음으로부터 생기는 것이니 마음이 청정하여 다섯 가지 계율五戒을 범하지 않으면 천상에 태어난다. 만약 지옥 아귀 축생의 길을 끊으려거든 일심으로 여래의 가르침과 계율을 받들어 행해야 할 것이다. 이제 여래가 중생을 나고 죽는 데서 해탈케 하려고 바른 길을 열어 보였으니, 배우고자 하는 사람들은 반드시 잘 생각해 보아야 한다."

이와 같이 말씀하시고 나서 부처님은 아난다와 함께 파탈리풋타에 이르러 성 밖 어떤 나무 아래 머무셨다. 그곳 바라문과 거사居士들은 부처님이 제자들을 데리고 오셨다는 말을 듣고 모두 부처님 계신 데로 모여 들었다. 부처님께 공양하기 위해 앉을 자리를 가지고, 혹은 물병과 등잔을 들고 와서 예배하였다. 부처님은 그들에게 말씀하셨다.

"사람이 세속에서 함부로 탐욕을 즐기면 다섯 가지 소모되는 현상이 있다. 스스로 방종하므로 재산이 줄어들고, 몸을 위태롭게 하고 도를 잃게 되며, 사람들이 공경하지 않고 죽을 때에 뉘우치게 되며, 추한 소문과 나쁜 이름이 널리 퍼지고 스스로 방종하므로 죽은 뒤에도 삼악도三惡道에 떨어질 것이다.

그러나 사람들이 마음을 조복調伏받아 방종하지 않으면 다섯 가지 덕을 갖추게 된다. 검소하고 절약하므로 재산이 늘어나고, 도의 뜻에 가깝게 되며, 사람마다 우러러 공경하고 죽을 때도 뉘우침이 없으며, 덕망이 세상에 널리 퍼지고, 검소하고 절약하므로 죽은 뒤에 천상이나 복된 곳에 태어난다. 사람이 방종하지 않으면 이와 같이 다섯 가지 좋은 일이 있으니 잘 생각해서 행하여라."

부처님께서 여러 사람들을 위해 가르침을 펴시니 기뻐하지 않는 이가 없었다.

– 장아함반니원경 長阿含般泥垣經

계정혜 戒定慧 삼학 三學을 닦아라

부처님은 아난다와 함께 콜리성 북쪽의 한 나무 아래 머무르시며 여러 비구들에게 말씀하셨다.

"너희들은 청정한 계율을 지니고 선정禪定을 닦으며 지혜를 구하여라. 청정한 계율을 지니는 사람은 탐욕과 성냄과 어리석음을 따르지 아니하고 선정을 닦는 사람은 마음이 산란하지 않게 되며 지혜를 구하는 이는 애욕에 매이지 않으므로 하는 일에 걸림이 없다. 계 · 정 · 혜가 있으면 덕이 크고 명예가 널리 퍼지리라.

또 세 가지 허물을 떠나면 마침내 아라한이 될 것이다. 지금의 이 몸으로 삼매三昧를 얻고자 하면 부지런히 깨닫기를 구해 이 생이 다하도록 청정한 도에 들어가라. 마땅히 실행할 것을 행하면 죽은 뒤에 다시 윤회하는 세상에 태어나지 않을 것이다."

부처님은 아난다를 데리고 여기저기 다니시면서 제자들에게 세 가지 요긴함을 말씀하셨다.

"너희들은 마땅히 계를 지니고 선정을 생각하며 지혜를 깨달으라. 이 세 가지를 잘 지키는 사람은 덕망이 높고 명예가 드날리게 될 것이다. 음란한 마음과 어리석은 마음과 잡된 생각이 없어질 것이니 이것을 일러 해탈解脫이라 한다. 이 계행戒行이 있으면 저절로 선정이 이루어지고 선정이 이루어지면 지혜가 밝아지리니 이를테면 흰 천에 물감을 들여야 그 빛이 더욱 선명하게 되는 것과 같다.

이 세 가지 마음이 있으면 도를 어렵지 않게 얻을 것이고, 일심으로 부지런히 닦으면 이 생을 마친 후에도 청정한 데에 들어갈 것이다. 이와 같이 행하면 스스로 이 몸을 버리고 다시 나지 않는 줄을 알아라.

만약 계 · 정 · 혜의 행을 갖추지 못하면 윤회에서 벗어나기 어려울 것이다. 그러나 이 세 가지를 갖추면 마음이 저절로 열리어 문득 천상 · 인간 · 지옥 · 아귀 · 축생들의 세상을 보게 되고 온갖 중생들의 생각하는 것도 알게 될 것이다. 마치 시냇물이 맑으면 그 밑에 모래와 돌 자갈의 모양을 환히 들여다볼 수 있는 것과 같다.

깨달은 사람은 마음이 밝으므로 보고자 하는 것이 다 나타난다. 도를 얻으려면 먼저 그 마음을 청정히 해야 한다. 마치 물이 흐리면 그 속이 보이지 않는 것과 같다. 마음을 깨끗이 지니지 못하면 세상에 나고 죽음을 벗어나지 못할 것이다. 스승이 보고 말하는 것은 제자들이 마땅히 실행해야 할 것이다. 스승이라 할지라도 제자의 마음속에 들어가 그 생각을 잡아 줄 수는 없기 때문이다. 생각과 마음이 청정한 사람은 도를 스스로 얻을 것이다. 여래는 청정함을 가장 즐거워한다.”

– 장아함반니원경 長阿含般泥垣經

좌선

부처님은 베살리의 장자長者 유마힐維摩詰이 앓아 누워 있는 것을 아시고 사리풋타舍利佛에게 말씀하셨다.

“네가 유마힐에게 가서 병문안을 하여라.”

사리풋타는 부처님께 말했다

“부처님, 그에게 문병하는 일을 저는 감당할 수 없습니다. 언젠가 숲 속 나무 아래 앉아 좌선하던 옛일이 생각납니다. 그때 유마힐은 저에게 이렇게 말했습니다.

‘사리풋타님, 앉아 있다고 해서 그것을 좌선坐禪이라고 할 수는 없습니다. 삼계三界에 있으면서 몸과 마음이 움직이지 않는 것을 좌선이라고 합니다. 마음과 그 작용이 쉬어버린 무심한 경지에 있으면서도 온갖 행위를 할 수 있는 것을 좌선이라고 합니다. 진리로 나아가는 길을 버리지 않고 그러면서도 범부의 일상생활을 하는 것이 좌선입니다. 마음이 안으로 고요에 빠지지 않고 또 밖으로 흩어지지 않는 것을 좌선이라고 합니다. 만약 이와 같이 앉을 수 있다면 이는 부처님께서 인정하시는 좌선일 것입니다.’

부처님, 저는 그때 이런 말을 듣고 말문이 막혀 아무 말도 못했습니다. 그러므로 그를 찾아가 문병하는 일을 감당할 수 없습니다."

– 유마경 제자품 維摩經 弟子品

네 가지에 의지하라

"부처님 말씀이 진실하여 헛됨이 없으니 제가 금강석처럼 굳게 지키겠습니다. 언젠가 부처님께서 말씀하신 바와 같이 비구들은 네 가지 법에 의지해야 합니다. 즉 법에 의지하고 사람에게 의지하지 말며, 뜻에 의지하고 말에 의지하지 말며, 지혜에 의지하고 지식에 의지하지 말며, 요의경了義經에 의지하고 불요의경不了義經에 의지하지 말 것입니다."

부처님께서 말씀하셨다.

"착하다, 카샤파. 법에 의지한다는 것은 곧 여래의 열반에 의지함이다. 모든 여래의 가르침이 곧 법의 성품이며 법의 성품이 곧 여래다. 그러므로 여래는 항상 존재하며 변하지 않는 것인데 여래를 무상하다고 말한다면 그는 법의 성품을 알지 못하고 보지도 못한 것이다. 법의 성품을 알지 못한 사람에게는 의지하지 말라. 아라한과 같은 이는 세상에 나와 법을 지키는 사람이니 그런 줄 알고 의지해야 한다.

왜냐하면 그는 여래의 은밀하고 깊은 법을 잘 알아 여래가 영원하고 변하지 않는 줄을 알기 때문이다. 어떤 사람이 파계한 몸으로 자기 이익을 위해 여래는 무상하고 변한다고 말하면 그런 사람에게는 의지하지 말아라.

뜻에 의지하고 말에 의지하지 말라. 뜻은 깨달음이고 깨달았다는 뜻은 구족함이다. 구족하다는 뜻은 교법教法이 영원함이고 교법이 영원하다는 것은 승가가 영원하다는 뜻이다. 이것이 뜻에 의지함이다.

말에 의지하지 말라는 것은, 꾸며대는 언론과 번지르르한 문장에 팔리지 말라는 뜻이며 교활하고 아첨하고 자기 이익을 위해 하는 말에 의지하지 말라는 뜻이다.

지혜에 의지하고 지식에 의지하지 말라. 지혜란 곧 여래다. 여래의 공덕을 잘 알지 못하는 성문들의 분별은 지식이니 거기에는 의지하지 말아야 한다. 여래가 곧 법신인 줄 알면 그것은 지혜이니 의지해야 한다. 여래의 방편으로 나투어진 몸을 보고 그것이 오온에 속하고 음식물로 기르는 것이라 한다면 그것은 지식이니 의지하지 말아야 한다.

요의경에 의지하고 불요의경에 의지하지 말라. 소승小乘은 불요의이고 대승大乘은 요의이다. 만약 여래가 음식물로 자란다 하면 불요의고 영원해서 변하지 않는다 하면 요의이다. 여래의 열반이 불이 꺼짐과 같다고 하면 불요의이고 여래가 법의 성품에 든다면 요의이다. 성문승은 밭갈이가 서툴러 열매를 거두지 못함과 같으니 의지하지 말 것이며 대승의 진리는 여래가 중생을 제도하기 위해 방편으로 말한 것이므로 의지해야 한다.

너희들은 이와 같은 네 가지, 의지하고 의지하지 말 곳을 잘 알아야 한다. 나는 육안밖에 갖지 못한 중생들을 위해 이 네 가지 의지할 곳을 말한 것이지, 지혜의 눈을 가진 이를 위해 말한 것은 아니다.

그러므로 네 가지 의지할 곳을 거듭 말하겠다. 법이라 함은 곧 법의 성품이고, 뜻이라 함은 영원해서 변치 않음이며, 지혜라 함은 중생들이 모두 부처의 성품을 지녔다는 것이고, 요의라 함은 모든 대승의 법문을 통달하는 것이다."

– 열반경 사의품 涅槃經 四依品

최상의 법문 – 염화시중拈花示衆의 미소

대범천大梵天의 방광 거사方廣居士가 삼천대천세계의 근본이 되는 황금빛 바라라는 큰 연꽃을 부처님께 바치고 절한 뒤 말하기를

"이제 부처님께서는 이미 이 마음을 바로 깨치시고 나서 50년 동안 많은 법문을 설하심으로써 온갖 중생들을 교화하여 제도하셨습니다. 그러나 만약 아직도 채 말씀하시지 못한 최상의 법문이 남아 있으시거든 저 말세의 보살도菩薩道를 닦는 이와 금생에 불과佛果를 이루고자 하는 범부 중생들을 위하여 남김없이 드러내어 말씀해 주옵소서." 하고 몸을 땅에 엎디어 법상을 삼고 하늘의 의복으로 몸을 가리우

고 부처님으로 하여금 그 위에 올라가시게 하였다.

그 때에 부처님께서 그 법상에 올라앉아 천주天主 방광 거사가 올리는 묘법연화妙法蓮華를 받아 드시고 아무 말씀도 없이 그냥 내려와 인천人天의 백만 대중 가운데로 들어가셨다. 그때 대중들은 어리둥절하여 어찌할 바를 모르고 있었다. 그러나 장로 마하가섭만이 부처님의 꽃 법문을 알아듣고 확연히 깨쳐 엄숙한 표정을 풀고 문득 빙그레 웃었다. 부처님께서 가섭을 보시고 "과연 그렇다!" 하시고 인가를 한 다음에 말씀하시기를

"이 법은 오직 이 마음을 모든 부처님과 똑같이 깨친 사람끼리만 서로 긍정할 수 있는 소식이므로 다만 마음으로만 서로 전하고 받을 수 있는 것이다. 또한 정법안장正法眼裝과 열반묘심涅槃妙心과 형상이 드러나지 않는 일체 법의 실상인 이 법문은 말과 문자로서는 설명이 되지 아니하여 할 수 없이 팔만 사천 교리 밖에서 따로 전해 주는 법敎外別傳이다.

또한 이 법은 자유자재한 도리로서 이 법에 의지하면 범부 중생이 그 자리에서 성불해 마칠 수 있는 법이며 제일 근본 되는 법第一義法이다. 내가 이제 이 법을 마하가섭에게 전하였노라." 하신 다음에 말씀이 없으셨다.

그 때 가섭은 부처님 발 밑에 절하고 사뢰기를

"부처님이시여, 참 묘한 일입니다. 제가 과거 무량겁 전의 옛일을 생각하오니 그때 연등부처님께서 설법하시던 것을 듣고 마음에 깨달은 바가 있었습니다. 이제 또 석가모니 부

처님을 모시고 법문을 듣다가 모든 망상 번뇌가 뚝 끊어진 지혜로써 아라한도阿羅漢道를 얻었습니다. 그리고 다시 일체 만법의 근본인 실상實相에 대한 말씀을 듣고서 대승보살도大乘菩薩道에 들어가 먼저 얻은 소승 아라한도에서 대승보살도를 성취하여, 부처님과 같이 시방삼세 十方三世의 일을 죄다 통달할 수 있는 일체종지 一切種智의 이 마음은 거의 다 얻게 되었습니다.

이와 같은 미묘한 일체종지가 어디서 생긴 것인가 하오면 그것은 다 범부 중생들이 아득한 옛날부터 여기서 나고 저기서 죽고, 저기서 죽어 여기에 나는 동안에 온갖 풍상을 겪은 마음을 부처님의 가르침에 의하여 여지없이 깨침으로써 드러나게 된 것입니다. 중생들이 사생 육도로 한없이 윤회하도록 조금도 변하지 아니하는 이 마음은 모든 부처님의 마음과 꼭 같은 것입니다.

이 마음이 곧 법신인 것이며 범부의 이 마음 이대로가 본래부터 성불한 것인데 본래 부처인 이 마음은 말로서는 통달하지 못하는 것이며 어떠한 이치로서도 풀이하여 가르치거나 또한 알아볼 수도 없는 것입니다. 다만 이 마음을 깨달은 사람끼리나 서로 긍정하며 인가하여, 줌이 없이 전하여 얻은 바도 없이 받는 것입니다.

이 마음은 과거나 현재나 미래나 할 것 없이 언제든지 항상 이러하여 나지도 늙지도 병들지도 아니하여 변하지 않는 것이므로 모든 삼매와 선정禪定으로도 깨칠 수 없는 것입니다.

저 화엄경에서 말씀하신 삼현십성三賢十聖의 큰 보살들로서도 알 수가 없는 것입니다. 어떠한 사람이든지 다만 이 마음을 알고자 하는 마음이 극도에 이르렀을 때만이 중생들이 누구나가 깨달을 수 있는 것입니다.

그러므로 지금 부처님께서 꽃가지를 들어 보이신 그 불도의 궁극 도리를 범부 중생들로서 계승하여 서로 전하여 가며 끝없이 끊이지 않을 것입니다. 만약에 이러한 미묘한 도리가 없고 오직 무량억겁 다생으로 드나들면서 닦아야만 성불할 수 있는 수인감과修因感果로 차례를 밟아 가는 불법만 있었더라면 범부인 비구 비구니와 선남 선녀로서는 견성오도見性悟道 할 수 없는 것이므로 저 말세의 탁악한 세상에서는 천만 사람이 도를 닦는다 할지라도 그 중 한 사람도 그 일생에 불과佛果를 증득하는 이가 없어서 불도의 계맥繼脈이 끊어질 뻔하였습니다. 그리하여 부처님의 참뜻을 모르고 다만 수행하는 문자법사文字法師들만이 수두룩하여 정말 도인은 한 사람도 없을 것인데, 다행히도 이러한 꽃을 들며 또한 웃을 줄 아는 이 마음이 있어 도인이 저 말세에도 끊이지 않게 되었습니다." 하고 다시 절하였다.

부처님께서 말씀하시기를

"마하가섭이여, 과연 그대의 말한 바가 옳다. 지난 세상을 일곱 부처님께서도 서로 전하고 받은 불법이 그런 것이었으며 그 부처님께서 그 제자들에게 전하시던 법 또한 그런 것이었다. 가섭이여, 내가 열반한 뒤에는 이 대법장大法藏을 그대에게 부촉하는 것이니 대대로 전하여 이 정법이 널리 퍼져서 아뇩다라삼먁삼보리인 이 마음의 도가 끊어지지 않게 하여라." 하시고 나서 대범천 방광 거사의 등에서 내려오셨다.

– 대범천왕문불결의경 大梵天王問佛決疑經

Ⅱ. 조사어록 祖師語錄

마음이 곧 부처

삼계三界의 심한 고뇌는 마치 불난 집과 같은데, 어찌 그대로 머물러 그 오랜 고통을 받고 있는가. 만약 윤회를 면하려면 부처를 찾는 일보다 더 좋은 길은 없다.

만일 부처를 찾으려면 부처는 곧 이 마음이니, 마음을 어찌 멀리서 찾을 것인가. 이 몸을 떠나서는 있지 않다. 육신은 영원하지 못하여 나기도 하고 죽기도 한다. 그러나 참마음은 허공과 같아서 끊어지지도 변하지도 않는다.

그러므로 '온 몸은 부서지고 흩어져 불로 돌아가고 바람으로 돌아가지만 한 물건一物은 영원히 신령하여 하늘과 땅을 덮는다.' 하였다.

슬프다. 오늘날 사람들은 미혹한 지 오래 되어 자기의 마음이 참부처인 줄을 알지 못하고 자기의 성품이 참다운 법法인 줄 알지 못하여, 법을 구하려 하면서 멀리 성인의 것으로만 미루고, 부처를 구하려 하면서도 자기의 마음을 관觀하지 않는다.

만일 마음 밖에 부처가 있고 성품 밖에 법이 있다고 말하고, 이 뜻을 굳게 집착하여 불도를 구한다면, 티끌처럼 많은 겁劫을 지내면서 몸을 불사르고 팔을 태우고, 뼈를 갈고 골을 부수고, 피를 내어 경전을 전부 읽고 갖가지 고행을 닦더라도 그것은 모래를 삶아 밥을 짓는 것과 같아서 다만 수고만 더할 뿐이다.

오직 자기의 마음을 알면 갠지스의 모래 수처럼 많은 법문과 한량없는 묘한 이치를 구하지 않아도 저절로 얻어질 것이다.

그러므로 부처님께서 이르시기를

"일체 중생을 두루 살피니, 모두가 여래의 지혜와 덕상德相을 두루 갖추었다." 하셨고, 또 이르시기를

"일체 중생의 갖가지 허망된 생각이 모두 여래의 원만히 깨달은 묘한 마음如來圓覺妙心에서 나왔다."고 하였으니, 이로써 마음을 떠나서는 부처를 이룰 수 없음을 알 수 있다.

과거의 모든 부처님도 이 마음을 밝힌 사람이요, 현재의 모든 성현들도 역시 마음을 닦는 분이며, 미래에 수행할 사람도 반드시 이러한 법에 의지해야 할 것이다. 그러므로 모든 수행인은 마음 밖에서 구하지 말라. 마음의 바탕은 번뇌에 물들지 않아 본래부터 스스로 원만히 이루어진 것이니 오직 망령된 반연만 여의면 곧 그대로의 부처일 것이다.

– 보조 수심결 普照 修心訣

불성은 어디에 있는가?

"만약 불성佛性이 현재의 이 몸에 있다면, 이미 몸 안에 있어 범부를 떠나지 않았는데, 무엇 때문에 저는 지금 불성을 보지 못합니까?"

"그대들의 몸 안에 있으나 그대들 스스로가 보지 못할 뿐이다. 그대가 하루 종일 배고프고 목마른 줄 알고, 춥고 더운 줄도 알며, 성내고 기뻐함은 결국 무엇이겠는가? 우리의 이 육신은 지地 · 수水 · 화火 · 풍風 등의 네 가지 인연이 모여서 된 것일 뿐 그 바탕은 감정이 없는 것인데, 어찌 보고 듣고 지각知覺할 수 있겠는가. 그러므로 능히 보고 듣고 지각하는 것은 필시 그대의 불성일 것이다."

그러므로 임제臨濟 스님은,

"사대四大는 법을 설하거나 듣거나 하지 못하며, 허공도 법을 설하거나 듣지 못한다. 오직 그대의 눈앞에 역력히 분명하지만, 형용할 수 없는 그것이 법을 설하고 법을 들을 줄 안다." 하였다.

소위 형용할 수 없는 것이란 모든 부처님의 법인法印이며, 또한 그대의 본래 마음이다. 그러므로 불성이 현재 그대의 마음에 있는데 어째서 헛되이 밖에서 구하겠는가. 만약 그대가 이 말을 믿지 않는다면, 간략히 옛 성인이 도에 들어간 인연을 들어서 그대의 의심을 풀겠다. 그대는 잘 듣고 믿어 따라야 한다.

옛날 이견왕異見王이 바라제 존자에게 물었다.

"어떤 것이 부처입니까?"

존자는

"성품을 보는 것이 부처입니다."라고 대답했다.

"스님께서는 성품을 보았습니까?"

"나는 부처의 성품을 보았습니다."

"그 성품은 어디에 있습니까?"

"성품은 작용하는 가운데 있습니다."

"그것이 어떠한 작용이기에 나는 지금 보지 못합니까?"

"지금 현재에도 작용하고 있지만 왕 스스로가 보지 못할 뿐입니다."

"나에게도 그것이 있습니까?"

"왕이 만약 작용한다면 그것 아닌 것이 없지만, 만약 작용하지 않는다면 그 작용의 본체도 보기 어려울 것입니다."

"그것이 작용할 때에 몇 곳에서 나타납니까?"

"작용할 때에는 여덟 곳에서 나타납니다."

"그 여덟 곳의 작용을 나에게 설명해 주십시오."

"태胎에 있으면 몸이라 하고, 세상에 나오면 사람이라 하고, 눈에 있을 때는 보는 것이며, 귀에 있을 때에는 듣는 것이며, 코에 있을 때에는 냄새를 맡는 것이며, 혀에 있을 때에는 말하는 것이며, 손에 있을 때에는 잡는 것이며, 발에 있을 때에는 뛰는 것입니다. 두루 나타나면 갠지스의 모래수처럼 많은 세계를 다 싸고, 거두어들이면 한 티끌 속에 있습니다. 아는 사람은 이것을 불성이라 하고, 알지 못하는 사람은 영혼이라 합니다."

왕은 이 말을 듣고 마음을 깨달았다.

— 보조 수심결 普照 修心訣

이 몸 이때 못 건진다면

과거에 윤회하던 업을 생각하면, 몇천 겁 동안을 어두운 무간지옥에 떨어져 갖가지 고통을 받았으며, 또 얼마나 불도를 구하려 하였으나 좋은 벗을 만나지 못하고, 오랜 겁을 어두움 속을 헤매면서 깨닫지 못하여 온갖 악업을 지었던가. 때때로 한번씩 생각하면 자기도 모르게 긴 한숨이 나오거늘 그 어찌 방종하여 과거의 재앙을 다 받겠는가.

또 누가 나를 지금 인간 세상에 태어나게 해서 만물의 영장이 되게 하여 진리의 길을 닦게 하였는가. 실로 눈먼 거북이 나무를 만남이요, 작은 겨자씨가 바늘 끝에 박혔음이니* 그 다행함을 어떻게 말로 다할 수 있겠는가.

내가 이제 스스로 물러날 생각을 내거나, 혹은 게으름을 피워 항상 뒤로 미루다가 잠깐 사이에 목숨을 마치고 악도에 떨어져서 여러 가지 고통을 받을 때에, 비록 한 귀절의 불법을 들어 믿고 알고 받들어 고통을 면하려 해도 어떻게 될 수 있겠는가. 위태한 데 다다라서는 후회하여도 아무 소용이 없다. 바라건대 모든 수행인은 방일하지 말고 탐욕과 음욕에 집착하지 말며, 머리에 붙은 불을 끄듯이 살피고 돌아보기를 잊지 말아야 한다.

무상함은 빨라서 몸은 아침 이슬과 같고 명은 지는 해와 같다. 오늘은 살았다고 하지만 내일을 보장키 어려우니, 부디 마음에 새기고 부디 마음에 새겨라.

세상의 유위有爲의 선善으로서도 삼악도의 괴로운 윤회를

면하고, 천상과 인간에서 훌륭한 과보를 얻어 온갖 쾌락을 누리는데, 하물며 이 최상승最上乘의 깊고 깊은 법문을 잠깐만 믿으면, 그 이루어지는 공덕은 비유로써는 도저히 설명할 수 없다.

경에서 이르기를,

"어떤 사람이 삼천대천세계의 칠보七寶로 모든 중생들에게 보시 공양하여 모두를 만족하게 하고, 또한 그 세계의 일체 중생을 교화하여 아라한과를 얻게 하면, 그 공덕은 한량없고 가없을 것이다. 그러나 잠깐 동안 이 법을 바로 생각하여서 얻은 공덕만 같지 못하다."라고 하였다.

이로써 이 법문은 가장 높고 가장 귀하여 어떠한 공덕에도 비유할 수 없음을 알아야 한다.

그러므로 경에서

"한생각의 깨끗한 마음은 곧 도량道場이며, 갠지스의 모래와 같이 많은 수효의 칠보탑을 만드는 것보다 훌륭하다. 보탑은 결국 부서져 티끌이 되지만, 한생각의 깨끗한 마음은 부처를 이룬다."라고 하였다.

바라건대 수도하는 사람들은 이 말을 음미하여 부디 마음에 새겨라. 이 몸을 이 생에서 제도하지 못하면 다시 어느 생을 기다려 제도하겠는가. 지금 수행하지 않으면 만 겁을 두고 어긋날 것이며, 지금 힘써 닦으면 닦기 어려운 수행도 차츰 어렵지 않아져 공행功行은 저절로 발전될 것이다.

아아, 오늘의 사람들은 배고플 때 맛난 음식을 만났으면서도 먹을 줄을 모르며, 병중에 의사를 만났어도 약을 먹을 줄 모르니 아, 어찌할 것인가, 어찌할 것인가. 따르지 않는 사람은 나도 어쩔 수 없구나.

또 이 세상 유위有爲의 일은 그 형상을 볼 수 있고 그 공덕도 경험할 수 있으므로 사람들은 한 가지 일만 얻어서도 희귀하다고 찬탄한다. 그러나 나의 이 마음은 그 형상을 볼 수도 없고, 말로 표현할 수도 없고, 마음으로 생각할 수도 없다. 그러므로 천마天魔와 외도外道들이 비방하려야 방법이 없고, 제석帝釋과 범왕梵王들이 칭찬하여도 미칠 수 없다. 그런데 하물며 지식이 얕은 범부들이야 어찌 비슷하게라도 할 수 있겠는가.

슬프다. 우물 안의 개구리가 바다의 넓음을 알 것이며, 여우가 어떻게 사자처럼 소리칠 수 있겠는가. 그러므로 말법세상의 사람으로 이 법문을 듣고 희귀하다는 생각을 내어 믿어 알고 받드는 이는 이미 한량없는 겁에 모든 성인을 받들어 섬겨 온갖 선근善根을 심어 지혜의 바른 인연을 깊이 맺은 최상의 근기임을 알 수 있다.

그러므로 금강경에서

"이 글에서 능히 신심을 내는 사람은 이미 한량없는 부처님 처소에서 온갖 선근을 심은 사람임을 알 수 있다." 하였고 또,

"대승심大乘心을 낸 사람과 최상승심을 낸 사람을 위해서 설명한다."라고 하였다.

바라건대 도를 구하는 사람은 겁내거나 약해지지 말고 용맹스런 마음을 낼 것이니, 지난 겁에 얼마나 좋은 인연을 맺었는지를 알 수 없기 때문이다.

만일 훌륭한 이 법문을 믿지 않고 스스로 못났다고 자처하여 어렵다는 생각을 내어 지금 닦지 않으면, 비록 지난 세상에 선근이 있었더라도 지금 그것을 중단하기 때문에 더욱 어렵고 점점 멀어질 것이다. 그러므로 이제 보배가 쌓인 곳에 왔으니 빈손으로 돌아가서는 안 된다. 한 번 사람의 몸을 잃으면 만 겁을 두고도 회복하기 어렵다. 청컨대 부디 삼가라.

어찌 지혜 있는 사람이라면 보배 있는 곳을 알면서 구하지 않고 오래도록 외롭고 가난함만을 원망하겠는가. 만일 보배를 얻고자 하면 육신에 대한 집착을 버려라.

– 보조 수심결 普照 修心訣

* 큰 바다에서 눈먼 거북이가 나무토막을 만나 뭍에 나오는 것과 같이, 바늘을 땅 위에 세워 놓고 천상에서 겨자씨를 뿌려 바늘 끝에 꽂히기 어려움과 같이 역시 사람 몸 받기 어렵고 불법 만나기 어려움을 비유한 말

마음이 모든 것의 근본

제자 혜가慧可가 물었다.

"불도를 얻고자 하면 어떤 법을 수행하는 것이 가장 요긴하겠습니까?"

달마 스님은 대답했다.

"오직 마음을 관觀하는 한 법이 모든 행을 다 거두어들이는 것이니 이 법이 가장 간결하고 요긴하다."

"어째서 마음을 관하는 한 법이 모든 행을 거두어들인다 하십니까?"

"마음이란 모든 것萬法의 근본이므로 모든 현상은 오직 마음에서 일어난 것이다. 그러므로 마음을 깨달으면 만 가지 행을 다 갖추는 것이다. 이를테면 여기 큰 나무가 있다고 하자. 그 나무의 가지나 잎이나 열매는 모두 뿌리가 근본이다. 나무를 가꾸는 사람은 뿌리를 북돋울 것이고, 나무를 베고자 하는 사람도 그와 같아서, 마음을 알고 도를 닦으면 많은 공을 들이지 않고도 쉽게 이룰 것이다. 그러나 마음을 알지 못하고 수도한다면 부질없이 헛된 공만 들이게 된다. 그러므로 모든 법이 자기 마음에서 일어나는 것임을 알아야 한다. 마음 밖에 따로 구할 도가 있다면 옳지 않은 말이다."

– 달마 관심론 達磨 關心論

이심전심 以心傳心

달마 스님이 말했다.

"삼계가 어지럽게 일어나는 것은 모두 한마음으로 돌아가니, 전불前佛 후불後佛이 이심전심하시고 문자를 세우지 않으셨다."

제자가 물었다.

"만약 문자를 세우지 않는다면 무엇으로 마음을 삼습니까?"

"네가 나에게 묻는 것이 곧 네 마음이며, 내가 너에게 대답하는 이것이 내 마음이다. 만약 내가 마음이 없다면 무엇으로 너에게 대답하겠으며, 네가 마음이 없다면 무엇으로 나에게 물을 수 있겠느냐. 나에게 묻는 것이 곧 너의 마음이다. 시작 없는 옛적부터 지금까지 전해 오는 모든 말과 행동과 장소와 시간이 다 네 본심이며 너의 본분이니 마음이 곧 부처라는 것도 이와 같은 말이다.

그러므로 이 마음을 버리고 따로 부처를 구할 수 없으며, 이 마음을 떠나서 보리나 열반을 찾는다면 옳지 않다. 자성自性은 진실하여 인因도 아니고 과果도 아니며, 법은 곧 마음이니 자기 마음, 이것이 보리요 열반이다.

만약 마음 밖에 부처나 보리가 따로 있다면 옳지 않으니 마음 밖에 부처와 보리가 어디에 있다고 하더냐. 비유해 말하면, 어떤 사람이 손으로 허공을 잡는다고 할 때 허공은 다만 이름이 있을 뿐 모양이 없으니 잡을 수도 없고 버릴 수도 없는 것이다. 이와 같이 마음 밖에서 부처를 찾는다는 것도 있을 수 없는 일이다."

– 달마 혈맥론 達磨 血脈論

대장경을 외울지라도

달마 스님이 말했다.

"누구나 부처를 찾고자 하면 반드시 견성見性을 해야 한다. 만약 견성하지 못했으면 염불을 하거나 경을 외우거나 계戒를 지켜도 별로 이익이 없다. 염불하면 인과를 얻고, 경을 외우면 총명을 얻고, 계를 가지면 천상에 태어나고, 보시를 하면 복된 과보를 얻기는 하나 부처가 될 수는 없기 때문이다.

자기를 밝게 깨닫지 못했으면 반드시 선지식善知識을 찾아 생사의 근본을 깨달아야 할 것이다. 선지식은 견성한 사람이니 견성하지 못했으면 선지식이라 할 수 없다. 비록 대장경을 설하더라도 역시 생사를 면치 못해 삼계에 윤회하며 괴로움을 벗어날 기약이 없을 것이다.

옛날 선성善星 비구가 대장경을 다 외웠어도 윤회를 면치 못한 것은 견성하지 못한 까닭이었다. 선성 비구도 그러했는데, 요즘 사람들이 경론經論을 서너 권 배워 가지고 불법으로 삼는다는 것은 참으로 어리석은 일이다. 진실로 자기 마음을 알지 못하면 한가롭게 문서나 외워도 아무 쓸모가 없는 것이다."

– 달마 혈맥론 達磨 血脈論

선지식을 찾아라

달마 스님이 말했다.

"한 물건도 얻을 것이 없으나, 만약 알지 못한다면 반드시 선지식을 찾아가 간절하게 힘써 구해야 한다. 생사가 큰 일이니 헛되이 지내지 않도록 하여라.

돌이켜 보아라. 비록 보배가 산과 같이 쌓이고 권속이 항하의 모래처럼 많다 하더라도 눈을 뜨면 보이지만 눈을 감고는 볼 수 없다. 유위법有爲法은 모두 꿈과 같으며 꼭두각시와 같은 것이다.

스승을 찾아가라. 급히 스승을 구하지 않으면 일생을 헛되이 보내게 된다. 불성은 본래 스스로 있는 것이지만, 스승을 인연하지 않고는 바르게 알지 못하는 것이니 스승 없이 깨친 자는 만의 하나도 드물다. 검고 흰 것도 분별하지 못하면서 망령되이 부처님의 가르침을 편다고 하면, 이것은 부처를 비방하고 법을 어지럽히는 것이다.

이와 같은 무리들은 설법하기를 비오듯이 하더라도 모두가 마군의 말이요, 부처님의 말씀이 아니다. 그 스승은 마왕이요 제자는 마왕의 권속인데, 어리석은 사람들은 그의 지도로 인해 생사고해에 떨어지게 되는 것을 알지 못한다.

견성하면 부처요 견성하지 못하면 중생이다. 그러나 불성이 중생의 성품을 떠나지 않았다. 중생의 성품을 떠나 따로 불성이 있다면 부처가 이제 어느 곳에 있겠느냐. 중생의 성품이 곧 불성인 것이다. 성품 밖에 부처가 없고 부처가 곧 성품이니, 이 성품을 버리고 따로 부처가 없으며 부처 밖에 성품도 없다."

제자가 물었다.

"견성見性하지 못했더라도 염불하고 경을 외우며 보시하고 계를 지녀 부지런히 복된 일을 지으면 성불成佛하지 않겠습니까?"

"조그마한 법이라도 얻은 것이 있다면 그것은 유위법이며 인과因果에 얽매인 법이므로 과보를 받고 윤회를 받게 될 것이다. 생사도 면치 못했으면서 어떻게 성불할 수 있겠느냐. 성불은 반드시 먼저 견성을 해야 한다. 견성하지 못하면 인과를 얻는 법 같은 것도 모두가 외도들의 법이다. 법을 구하고자 하는 자라면 어찌 외도 법을 배우겠느냐.

또 어떤 사람이 인과를 무시하고 부지런히 악한 업을 지으면서 망령되이 말하기를 '본래 공한 것이다. 악한 일을 하더라도 허물이 없다.' 하면 그는 무간지옥에 떨어져 영영 나올 기약이 없을 것이니, 지혜로운 사람이라면 어찌 이런 소견을 가지겠느냐."

– 달마 혈맥론 達磨 血脈論

무심無心이 곧 도道

시방세계의 모든 부처님께 공양供養하는 것보다는 한 사람의 무심도인無心道人에게 공양하는 것이 더 낫다.

왜냐하면 무심이란 분별 망상 없는 마음이기 때문이다. 있는 그대로의 본체가 안으로는 목석과 같아 동요함이 없고, 밖으로는 허공과 같아 막힘이 없으며, 주체와 객체도 없고 방향과 위치도 없고 모양도 없으며, 얻을 것도 잃을 것도 없다.

수행인이 법에 들어오지 못하는 것은 공空에 떨어져 머물 곳이 없는 것을 두려워하기 때문이다. 그리하여 멀리서 강건너 기슭만 바라보고는 스스로 물러서서 아는 것을 구하니, 아는 것을 구하는 이는 쇠털과 같이 많고 도를 깨닫는 이는 쇠뿔과 같이 드물다.

오늘날 수행인들이 자기 마음 가운데서 깨닫고자 하지 않고 마음 밖으로 상에 집착하여 대상을 취하니 모두 도道와 어긋난다. 이 마음은 곧 무심無心인 마음이며 모든 상相을 떠난 것이다. 중생과 부처가 다시 차별이 없으니 무심하기만 하면 이것이 곧 구경究竟이다. 도를 배우는 사람이 무심하지 않으면 몇 겁을 수행해도 끝내 도는 이루지 못할 것이다. 삼승三乘의 수행에 얽혀 해탈을 얻지 못할 것이다.

그러나 이 마음을 깨닫는 데는 더디고 빠름이 있다. 이 법을 듣고 한생각에 무심한 이도 있고 여러 과정을 거쳐서 무심한 이도 있으며, 어느 것이든 마침내는 무심해야만 도를 얻는 법이다. 이 법은 다시 닦거나 증證해서 얻는 것이 아니고 실로 얻을 것이 없는 것이지만 진실하여 허황하지도 않다. 한 생각에 얻은 이나 여러 과정을 거쳐 얻은 이나 그 결과는 같으며 깊고 얕은 차이가 없다.

무심을 모르는 선행이나 악행은 모두 상에 집착한 것이다. 그러므로 악을 행해 괴로운 윤회를 받고 선을 행해 부질없이 수고하니, 모두가 자기의 무심한 마음을 보는 것만 같지 못하다.

– 황벽 전심법요 黃檗 傳心法要

Ⅲ. 대행 스님 법훈

1. 영원한 나를 찾아서 / 법어

참나

우리가 태어난 것은 어디로부터인가? 바로 나로부터니까 오직 나를 찾기에 노력해야 한다.

참나가 이날까지 같이 해 왔고 이날까지 같이 돌아갔는데도 그걸 모르니까 다시 참나를 발견하라 하고 알려 주는 것뿐이다.

우리 육신은 참나의 싹과 같으니 가지와 잎사귀를 자기라 알지 말라. 뿌리가 있어서 자기 싹이 나온 것이다. 나무의 뿌리는 보이지 않지만 누구도 그 뿌리를 의심하지 아니한다. 그런데 인간의 뿌리가 보이지 않는다 해서 어찌 제 뿌리를 없다 하며 못 믿는가?

작년에 심은 수박씨에서 올 수박씨가 다시 나왔으니, 그 모양은 바뀌었지만 씨는 같은 그 씨이다. 그런데 사람의 씨는 이런 수박씨처럼 보이지를 않는다. 보이지 않기 때문에 그 보이지 않는 자기 씨를 무의미하게 생각한다. 보이지 않는 그 씨가 바로 우리의 실상實相, 참나임을 알아야 한다.

참나가 곧 불성 佛性

어느 곳에도 걸림이 없는 묘하고 광대무변한 법이 우리의 마음에 있다는 것을 알아야 한다.

부처님께서 일체 생명이 근본에서는 평등하고 누구라도 부처가 될 자격이 있다고 하신 것은 누구에게나 똑같이 불성이 있기 때문이다. 불성은 석가모니 부처의 불성이나 나의 불성이나 같다. 그러니 우리가 왜 부처가 되지 못하겠는가.

불성이란 우주를 감싸고 있는 진리 그것이다. 일체 만물은 불성에서 비롯되었고 불성이 있음으로써 존재한다. 그러므로 우주는 하나요, 일체 만물도 하나다.

주인공 主人空

수억겁 광년을 거쳐 오면서 여러분을 진화시키고 탄생시켜온 장본인이 바로 여러분의 주인공이다. 그것을 주장자라고도 하고 본래면목本來面目, 자부처, 참나라고도 하니 모두 자기 근본 뿌리인 '불성'을 이르는 말이다.

내가 나온 것이 태초요 내 몸뚱이가 나온 것이 바로 화두이다. 그리고 내 몸뚱이가 나온 것이 진리요, 상대와 모든 일체가 다 같이 공존하는 것을 '한마음'이라고 한다. 한마음은 어떠한 개별적인 마음이 따로 있는 것이 아닌 모든 전체이며, 한데 뭉친 그 중심이 되는 것이 바로 주인공이다. 즉 말하자면 영원한 생명의 근본이 정신이라면 정신과 마음내는 거와 육체가 움죽거리는 것이 삼합이 동시에 돌아가는 그 자체를 '한마음 주인공'이라고 한다.

'주인공主人空'의 '주인主人'은 에너지요 '공 空'은 고정된 게 하나도 없이 찰나찰나 화해서 돌아가는 여러분의 이 생활이다. 그러니 여러분이 다 가지고 있는 것이고, 여러분 자체가 주인공이다.

주인공이라는 것은 내 몸뚱이와 내가 마음내는 것과 불성을 통합하여 이르는 것이다.

주인공에 대한 믿음

일체를 움직이게 하는 장본인이 누구인가? 생각나기 이전, 이름하여 주인공에 몰락 놔 버려라. 그리하면 스스로 자기 근본이 드러날 것이다.

누구나 부처와 한자리이면서도 그것을 믿지 않음은 바로 '나' 라는 관념의 벽에 갇혀 있기 때문이다. 본래는 사방이 탁 터져 벽이 없는데도 스스로 창살 없는 감옥에 갇혀서 살고 있는 것이다.

처음 공부에는 자신의 주인공을 믿고 모든 것을 주인공에 놓아라. 누구나 할 것 없이 이렇게 말을 하게 하고 듣게 하고 생각나게 하고 또 자기 몸을 운전하여 움직이게 하는 자가 있어서 우리가 이와 같이 살아갈 수 있는 것이므로 자기를 운전하는 그 당체인 실상實相, 다시 말해서 주인공을 믿고 모든 것을 거기에다 놓으라는 말이다.

본래 한 물건도 없는 무일물無一物인데 도대체 주인공은 무엇이고 믿는 자는 누구냐고 물을 사람도 있겠지만 처음 공부하는 사람으로서는 자기의 주장심이 잡힐 때까지 그렇게 해야 한다. 중심이 있어야 수레바퀴가 돌아갈 수 있듯이 만약 심봉도 세우지 않고 이것도 저것도 다 아니라고 한다면 그것은 다만 이론일 뿐이요 공에 떨어진 사람이다.

무슨 일을 하든지 내가 하는 것이라 생각하지 말고 본래 공한 내 주인공이 하는 일이라고 믿어야 한다.

모든 것은 마음의 주인공이 하는 것이지 이 육신이 하는 것이 아니다. 육신이 움직이게 되는 것도, 생각나게 하는 것도, 망상이다 보리다 하는 것도, 악이다 선이다 하는 것도 모두 다 그 주인공, 참나에게서 나온 것이다.

고苦, 수행의 재료

지금 내게 닥친 모든 것은 내가 어떻게 했느냐에 따라서, 과거에 어떻게 살아왔느냐에 따라서 모두가 일어난 것이다.

나는 왜 이렇게 고통스럽고 병고에 휘달리고 왜 이렇게 안 되는 일이 많은가 하는 걸 한탄하기 이전에, 과거에 어떻게 살았느냐에 따라서 자기 컴퓨터에 입력이 돼서 지금 현실에 나오는 이 모든 것을 다시 입력하는 것이 중요하다.

자기가 마음으로 지어서 자꾸 벽이 되게끔 만들어 놓는 것이 바로 인因을 만드는 것이다. 집착을 두고 삼독심을 버리지 못하고 인을 만드니 인과因果를 받을 수밖에 없다. 선의 인과든 악의 인과든 인을 짓기 때문에 인과를 받는 것이다.

자기 마음으로 먼지를 붙여 놓고 또 그것을 떼려고 애를 쓰게 되니 마음으로 지어 놓고 마음으로 그렇게 받는 것이 우리 삶의 모습이다.

업보를 없애려면 모든 것을 내 탓으로 돌려야 한다. 남의 탓으로 돌리면 업보가 쌓이고 쌓여서 바로 유전이 되고 인과가 되고 고苦가 된다.

내가 안 했어도 나에게 온 것은 내 탓으로 돌려라. 자기가 나오지 않았다면 상대가 있을 수 없고 모든 것은 내 주인공이 하는 것이기 때문이다.

현재에 나타나는 모든 것이 과거에 입력을 시킨 것이 풀려 나오는 것인 줄을 알고 속지 말라. 속지 않기 위해서는 주인공 주장자에 모든 것을 맡겨 놓아야 한다. 맡겨 놓으면 다시 입력이 되면서 나오기 때문에 재생이 되고, 구정물이 생명을 살리는 새물로 바뀌어 나오게 된다.

믿고 맡겨 놓음

놔 버리는 과정 없이는 그 귀중한 보물을 얻을 수 없다. 바깥 경계 모든 것을 다 주인공에 놔 버려라! 자기 사량思量도 놔 버려야 한다. 생기는 대로 놓아라! 용광로에 넣고 녹여라! 공空한 자리에 놓아라!

잘되는 것, 안되는 것에 구애받지 말고 모조리 맡겨 놓아라. 주인공은 힘의 원천이다.

믿고 맡기는 것은 참고 기다리는 게 아니다. 참는 마음은 무조건적인 믿음이 아니라 계산이다. 그것은 맡김도 놓음도 쉼도 아니다. 진정한 믿음엔 찌꺼기가 없다.

주인공을 믿고 맡기라고 하는데도 그것이 잘 안된다고 하는 까닭은 '나' 라는 관념 때문이다. '나', '나의 것' 이라는 이른바 아상我相을 버리는 것은 믿고 맡기는 수행의 한 방법이다. 그래서 '네가 죽어야 나를 보리라' 하는 것이다.

마음이 습에 끌리지 말고, 못한다 한다에 끌리지 말고 단호하고 당당하게 모든 것을 믿고 맡겨 놓아라. 내가 마음에서 한번 결정을 내리면 결재가 된 거와 같아서 두뇌로 통신이 돼서 사대로 통신이 돼서 전체가 결정적으로 작용을 하게 된다.

나온 자리에 되놓는 것은 첫째, 나를 발견하는 지름길이요 둘째, 업식을 무너뜨리는 공부요 셋째, 나를 버려 전체를 항복받는 공부다.

2. 나온 자리에 되놓는 공부 / 관법

관하는 법 觀法

이렇게 됐다 저렇게 됐다 하는 고정됨이 없이 시시때때로 화하는 그 마음을 바로 자기 주인공 즉, 그 마음의 근본에다가 딱 놓고서 자기 마음이 그 마음을 지켜보는 것이 참선이며 관법이다.

현실에서 나타나는 모든 것에 대해 잘 나오는 건 감사하게 놓고 잘못되는 건 주인공 뿌리에다 굴려 놓아라. 자기는 잘못됐다 잘했다를 붙일 필요가 없다. 거기다가 놓고 굴려서 그대로 내 주인공 뿌리에서 나오게 해야 된다.

관법을 제대로 하려면 첫째, 믿음이 강해야 한다. 나는 불자니까 부처님 말씀을 믿는다 하는 정도여서는 안 된다. 자기 능력으로는 도저히 어찌 해 볼 수 없는 급박한 경우라도 결코 흔들리지 않는 믿음이어야 한다. 그렇지 않으면 자꾸 망상이 끼어들게 된다. 옛 선사들이 목숨 떼어 놓고 뚫어라 하는 것은 믿음이 그만큼 강하지 않고서는 공부가 제대로 익어지지 않기 때문이다.

처음에는 모든 것을 뭉쳐 놓아야 한다. 자기가 한 일을 모두 알고 있고 바로 그 일을 하게 했던 그 자체, 자기를 형성

시킨 자체, 주인공에다가 '네가 했으니 네가 알아서 나를 이끌고 다니고 네가 형성시켰으니 사는 것도 네가 알아서 끌고 다녀라.' 하고 모든 것을 믿고 맡기는 것이다. '나를 있게 한 것도 주인공이 한 일, 지금 내게 닥친 것도 주인공이 한 일, 그러니 주인공만이 답을 알 것이고 되게 하는 것도 안 되게 하는 것도 주인공이 할 일이다.' 하고서 일심으로 나아가서 무심으로 지켜볼 때 진정한 관이 실현되는 것이다.

그런데 관하고자 할 때 우선적으로 나라는 아집을 버려야 한다. 나를 버리면 허공에 뜬 것처럼 아무것도 없이, 먼지 앉을 사이도 없이 돌아간다. 진리 자체가 고정됨이 없는 찰나의 생활이다.

둘째로, 믿었으면 그 믿는 자리에 몰락 내려놓고 맡겨야 한다. 부처님 자리와 주인공 자리는 그냥 하나로 연결되어 있다. 그런데 많은 사람들은 그것을 믿지 않으므로 마치 코드를 빼 놓은 것과 다름없는 것이다. 따라서 맡기고 놓는다는 것은 부처님 자리와 코드를 연결해 놓는 것과 같다.

내 마음에서 나오는 일체를 놓아야 한다. 일체를 놓고 관하라 하는 것은 일체가 같이 돌아가기에 그러는 것이다. 부처님이 다 알아서 하실 것이라는 강한 믿음, 그것이 그때 그때의 놓고 맡기는 작업이다. 맡기라고 하니까 '이렇게 저렇게 해 달라' 면서 맡긴다고 하는 분이 있는데 그것은 비는 것이지 마음공부하는 관법이 아니다. 맡기고 놓는다는 것은 마치 용광로에 무쇠, 잡쇠를 다 쓸어 넣는 것과 같은 것이다.

할 수 있다 없다를 다 주인공 자리에 놓고 지켜보고 실험하고 체험하는 그 자체가 참선이다.

바깥에서의 경계 역시 '둘이 아닌 까닭에 너만이 할 수 있어.' 하고 맡겨 놓으면 바로 스위치를 올려놓은 거와 같다. 그러면 그쪽에도 불이 들어오고 이쪽에도 불이 들어오니까 서로 밝게 살 수 있다. 이것을 잘 알아 실험하고 체험하는 것이 관법이다. 내가 스위치를 올려놓고서 지켜보는 동안이 실험이요, '아, 이런 것이구나!' 할 때가 체험이다.

너그럽고 자비하게 생각하면서 일체를 내 탓으로 돌리고 '거기서 나온 거니까 거기서만이 해결할 수 있다. 내가 있으니까 상대가 있는 거다.' 하고 모든 것을 그렇게 주인공에 놓고 간다면 내 속에서도 한마음 한뜻으로 자꾸 좇아가게 됨으로써 자동적으로 천백억화신으로 화하게 되는 것이다. 털구멍을 통해 바깥 경계를 마음으로 조절하면서 일들을 다 하고 안에서 일어나는 것도 다 조절을 한다. 내 몸 안에 있는 생명들이 전부 털구멍을 통해 내가 한생각을 내면 그냥 가서 미리미리 다 일을 하게 된다. 안에서 보살들이 용

도에 따라서 신장도 될 수 있고 호법신도 될 수 있고 화신도, 법신도 될 수 있는 것이다.

관법의 실천

첫째, 일체 생활하는 모든 것을 자기 주인공에 일임하여 놓는다. 즉 맡긴다.

둘째, 자기 주인공을 내면 깊숙이 진실되게 믿으며 믿음에 있어서 결코 물러서지 않는다.

셋째, 용用과 마음 나는 일체를 자기 내면에 관觀한다. 그리고 자기가 미생물로 생겨나기 이전에서부터 억겁을 진화해 오면서 살던 습을 현재의 자기 내면 즉, 자기 주인공에 몰락 맡겨 방하착放下着 하면 스스로 의정疑情이 나서 자기 참 생명수의 맛을 보게 될 것이다.

넷째, 만약에 내 육신이라 하는 것을 알면서도 새삼스레 '이 뭣고' 한다든가 번연히 내가 아는 것을 가지고 또 의정을 낸다면 마치 빈 맷돌이 건성 도는 것처럼 아무런 소용이 없으니 아는 것은 아는 것대로 자기 주인공에 맡겨 놓아라.

다섯째, 정말 모르는 것이 스스로 의정이 났을 때에는 자기 내면 깊숙이 관하여 굴리며 의정을 풀어야 한다. 타의에 묻거나 경經을 보고 풀려고 한다거나 사량思量으로 헤아리는 것은 진정한 해결이 될 수 없다.

여섯째, 꿈과 생시가 둘이 아니어서 꿈에 일체의 모습이 갖가지로 나타나는 것은 모두가 자기가 화化해서 나타나는 것이니 설사 꿈속에서 부처님으로나 또는 그 어떠한 모습으로 나타난다 해도 결코 거기에 속지 말 것이며 또 절대로 둘로 보지 말 것이다. 오직 자기 내면의 주인공에 맡겨 놓고 매사에 걸리지 말아야 할 것이다. 그대로가 실상이며 여여如如한 까닭이다.

일곱째, 꿈도 생시요 생시도 꿈이다. 살아가면서 자신이 화가 나거나 안되는 일이 있거나 가정의 식구들이 속을 썩이거나 병에 끄달리는 경우가 있어도 본래 참나는 체體가 없기에 공해서 일체의 병이든 무엇이든 간에 붙을 자리가 없다는 것을 믿고 맡겨 놓는다. 잘되어도 감사하게 맡겨 놓고 잘되지 않아도 믿음으로 맡겨 놓는다.

여덟째, 본래 불성은 부동不動하여 움직임이 없지만 내 마음의 중심 주인공은 고정됨이 없이 찰나찰나 나투기 때문에 내가 명命이 짧으면 칠성七星이 되고, 천도薦度가 되려면 지장地藏이 되고, 법의 거울이 되면 판사가 되고, 임신이 안되었을 때에는 삼신三神이 된다.

그러므로 가만히 있으면 부처요 마음을 내면 법신法身이요 움직이면 화신化身, 보신報身이니 내가 했다 안 했다 내세울 것이 없어야 자유로운 사람이며 부처이다. 그렇게 되어 윤회에 끄달리지 않으면 시간과 공간도 초월하게 되고 행주좌와行住坐臥 어묵동정語默動靜 그대로가 생활이며 참선이 되는 것이다. 끊어졌다 안 끊어졌다, 났다 안 났다 이 모두를 놓으면 그것이 곧 참선이다.

3. 계단 없는 계단 / 공부의 삼 단계

죽어야 나를 보리라

마음속의 마음내기 이전의 마음 즉, 참마음을 깨달아야 참공부로 들어가는 것이다. 먼저 내 마음속에 갇혀 있는 내 마음을 벗어나게 하라. 그러기 위해서는 내 마음을 가둬 놓고 있는 그 마음을 놓아야 한다. 자신으로부터 벗어나 자신으로 돌아가라.

나온 구멍으로 다시 들어가는 게 이 공부다. 죽는 공부다.

세 번 아닌 세 번을 죽어야 나를 통달하여 도에 이른다. 첫번째로 내가 죽어야 한다는 뜻은 '나를 버려서 나를 얻는' 소식이다. 두번째로 내가 죽어야 한다는 뜻은 '나와 더불어 일체를 버려서 일체를 얻는' 소식이다. 세번째로 다시 또 내가 죽어야 한다는 뜻은 '나와 더불어 일체를 버려서 일체로 나투는' 소식이다.

한 번 죽어 나를 발견하고 두 번 죽어 둘 아님을 알고 세 번 죽어 둘이 아니게 나툼을 안다. 계단 없는 계단을 세 계단 넘어야 한다. 먼저 모든 경계를 마음의 근본 자리로 돌려놓고, 그게 되면 자심을 무심으로 돌려놓고, 그럼으로써 무심조차 녹아져 공에 이르는 것이다. 그러나 차원은 달라도 길은 하나이니 마음 안으로 향하는 것, 둘로 보지 않고 일체를 나로 보는 것, 그리고 그것까지 놓아 나가는 것이다.

생각나기 이전을 믿고 가다가 그것을 깨치면 그때를 이름하여 견성이라 한다. 견성한 후에 나와 전체가 같이 돌아간다는 대공의 이치를 알아 행할 수 있다면 그때를 성불이라고 한다. 거기서 다시 계단 없는 계단을 올라가 나를 세울 게 없는 줄 확철히 알아 그대로 나툼으로 돌아가면 그때를 열반이라 한다. 불교의 가르침은 살아서 구경에 이름을 제시하고 있다. 살아서 부활하라는 것이다.

자유인이 되는 길

이 공부는 실험을 하는 공부다. 누가 병이 나면 거기다 마음을 주든지 내 마음에다 넣든지 해서 맡겨 놓고 지켜본다면 '전력이 둘이 아니기 때문에 내 안의 스위치를 누르니까 전구에 불이 들어오듯 다 들어오는구나. 그래서 다 밝게 살 수 있구나!' 하고 체험할 수 있다.

마음에 걸렸다 해도 빨리 돌려놓으면 그대로 풀리면서 돌아간다. 이것이 활궁공법이다. 그렇게 해서 지혜 있게 돌아가게 하는 것을 수레공법이라 한다. '가만히 있으면 부처다' 하는 것은 평등공법이다.

꼬리에 꼬리를 물고 나오는 생각 생각을 망상이라고 하지만 생각이 없다면 목석일 것이다. 그러니 망상이라 생각지 말고 모든 것을 되돌려 놓을 수 있어야 한다. 그것이 바로 자기를 발견하는 지름길이며 그대로 여여하게 되는 방법이다.

우리는 한 중생이면서 또한 한 부처이다. 만물의 작용이 그대로 부처님의 나툼이며 법이기 때문에 부처님은 아니 계신 곳이 없는 것이다. 부처님은 공하여 걸림이 없고 묘한 작용이 자재하니 그것이 곧 마음이다. 이 마음은 삼라만상과 둘이 아니게 작용하는 것이니 어찌 육신에 집착된 내가 일을 했다고 세울 수가 있겠는가?

자기 마음의 자가발전소를 완벽히 돌려야 불이 들어오며 자기와 더불어 남들도 환하게 비출 수 있다. 사실은 모든 중생이 스스로 켤 수 있는 발전소가 있건만 그것을 켤 줄 모른다. 자기 몸을 잘 이끌어 나가는 것은 물론 우주 섭리도 둘 아니게 조절할 수 있는 이 도리를 일러 주기 위해, 고통에서 벗어나 진정한 자유인으로서 살 수 있도록 하기 위해 부처님께서 오신 것이다.

만 불이 있다 해도 일 불로 보고 네모가 졌다고 해도 둥글게 쓰며 아무리 못났다 하더라도 내 모습같이 보고 하찮은 미물일지라도 그 생명을 존중하고 내 생명같이 생각하라.

자신을 보고 부처님을 찾는 자만이
금광에 모여 한자리 할 것이고
여러 가상을 좇는 자는
넝마전으로 모여 한자리 할 것이로다.
일체 생명 한데 합한
따로 없는 한마음 깨달으면
넝마와 금이 평등하여
팔자 운명 따로 없이
부모의 묵은 빚 효도하며 갚게 되고
자라는 자녀들에게는 햇빛을 주게 된다.
자유인으로 사는 행복한 삶의 보람
영원히 살지 않았기에
영원히 죽지도 않으리.

4. 참주인으로 사는 길 / 법문

자기를 형성시킨 근본

나는 사람들에게 항상 생활이 공부라고 했습니다. 생활이 교재라고 했습니다. 우리가 이 세상에 나왔으니까 살고 있는 이 생활이 즉 교재고 공부입니다. 그런데 종교를 믿고 안 믿고를 떠나서 나의 영원한 생명의 근본이 있기 때문에 내가 있고, 내가 있기 때문에 그게 있는 것입니다. 그걸 불성佛性이라고도 하고 주인공主人空이라고도 하고 자기 근본이라고도 합니다. 본래부터 자기가 형성시켰고, 자기가 이끌어 왔고, 자기가 진화시켜 왔고, 그랬기 때문에 그 근본 자기를 바로 주인主人이라고 표현합니다.

그걸 누가 믿으란다고 믿고 믿지 말란다고 믿지 않고, 그렇게 흔들리지 마십시오. 무조건 자기 뿌리는 자기 싹을 지니고 있으니까 말입니다. 부처님의 뜻과 인간 생활이 돌아가는 자체가 함께 돌아갈 때 바로 그것이 진리이지 만약에 거기에서 벗어난다면 그거는 부처님 법이 아닙니다. 그러니까 자기 뿌리를 자기가 믿듯이, 자기 염주알이 자기 줄을 믿듯이, 그 염주알은 줄에 매달려 있으니까 그대로 믿는다 안 믿는다도 없이 그냥 하면 그대로 움죽거려집니다. 그러니까 그대로입니다, 그대로!

뿌리로 인해서 나온 싹

우리는 지금 뿌리와 싹이 그대로 한 몸입니다. 그러니 그대로 믿으시고 자기 뿌리, 그 근본 자리에 모든 것을 맡겨 놓으십시오. 자기 뿌리를 믿지 못해서, 맡겨 놨다가도 또 못 믿어서 의심하고 그러는데, 진짜로 믿는 사람은 한번 맡겼으면 맡긴 그 자체가 아주 뚜렷하게 정립이 됩니다. 그러니까 의심도 없고 근심도 없습니다. 그런데 그것을 믿지 못하니까, 조급해서 '아이구! 이게 공부가 되는 건가. 아무리 맡겨도 안돼!' 이러면서 조급증을 내는데 그렇게 안 믿으려면 왜 이 세상에 태어났습니까? 태어난 게 불찰이 아닙니까? 뿌리로 인해서 싹이 났는데, 자기 영혼의 뿌리가 자기를 형성시켰는데 그렇게 못 믿어서야 어찌 이 삶을 보람 있게 살 수 있겠습니까?

그러니까 '내가 공부를 해서 이걸 믿어야 되겠다.' 이러는 게 아니고 '본래 꿰져 있으니까 믿어라.' 이겁니다. 믿고 맡겨 놔야 할 데가 아주 가까운, 바로 내 윗눈썹과 아랫눈썹과 같은 거라고 생각하시면 됩니다. 부처님 이름을 믿을 겁니까, 부처님 형상을 믿을 겁니까? 자기가 생각하고 슬프고 즐겁고 한 것을 자기 뿌리만이 다 알고 있는 것입니다.

무엇을 짊어지고 다니는가?

이 세상 벌어진 모두가 우리 마음에서 빚어지는 거지 딴 데서 빚어지는 게 하나도 없습니다. 천 가지 만 가지가 자동적으로 돌아가면서 자기 마음이 이것 보고 저것 보고 이것 생각하고 저것 생각하고 그렇게 그냥 천차만별로 돌아갑니다. 그런데 돌아가는 이 모든 것을 항상 자기 근본 자리에 모든 걸 맡기고 돌아간다면 스스로 자기가 나오게끔 돼 있습니다. 말하자면 견성이라고 하는 것이 자기 성품을 보는 것이잖습니까? 그 근본 자기가 자기 성품이라는 말입니다. 흙이 덮여진 것을 무명無明이라고 합니다. 그러니 덮여 있는 흙이 두꺼우면 나오기가 어렵지만, 점점 점점 이게 얇아지면 즉, 항상 그 근본에 모든 것을 맡기고 살다 보면 지혜로워지고 자비로워지고 그렇게 항상 촉촉하고, 그러니 싹은 뭐 애써 쪼개지 않아도 몰락 나오게 돼 있다는 겁니다, 아무 지장 없이 홀연히 말입니다. 그런데 자기가 자기를 못 믿는다 이겁니다. 못 믿으니 사는 게 불안하고 힘이 들고 공부가 자신이 없고 조급증이 생기고 몸에 병이 나고 모든 게 어렵게만 느껴지고 그러는 거죠. 아, 그놈의 걸 왜 마음으로 한 짐씩 무겁게 짊어지고 다니면서 거기다 놓질 못합니까. 안에 있느니 바깥에 있느니 하고 논설이나 벌이고 말입니다.

한마음 주인공

사람으로 태어나든 뭘로 태어나든 태어나기만 하면 '고苦' 입니다. 왜냐하면 태어나기 이전부터 있어 왔던 악업이나 선업의 업식이 뭉쳐서 인연에 따라서 다 업식이 돼서 몸 안에 전부 부착이 돼서 하나하나 나오는 것이 지금 우리 삶이기 때문입니다. 그렇게 해서 인연이 된 이 많은 업식의 문제들을 어떡하면 한데 합쳐서 한마음으로 만들 수 있을까요? 그 업식이라는 거나 마음이라는 자체, 의식이라는 자체는 체가 없는 것입니다. 체가 없는 것을 한마음이라고 한다면 고정됨이 없이 돌아감을 말합니다. 그러니까 한마음이라는 건 평등성을 말하죠.

예를 들어, 아파서 '한마음 속에서 병이 난 거니까 한마음 속에서 해결할 수 있지.' 하는 마음을 냈다면 그건 자연적이죠. 자연적으로 그런 마음을 냈을 때는 바로 불성으로 돌아가죠. 불성이라는 건 그 마음을 한데 합친, 그러니까 불기둥이라고 해도 되는 영원한 생명의 근본을 말하는 겁니다. 마음들이 한데 모아지는 그 자체가 바로 불성입니다. 불성이 나로부터 있는 거니까 '주인공主人空' 이라고 그런 겁니다. 나로부터 있는 거니까요. 그래서 개념은 조금조금씩 달라도, 한 얼굴에 눈이 있고 귀가 있고 코가 있고 입이 있고 이렇듯이 말입니다. 이름은 달라도 다 한 얼굴에 있지 않습니까? 그리고 동시에 듣고 동시에 보지 않습니까? 그러니 이름이 다르다고 해서 끄달리지 마시라는 말입니다.

내 생활 속에서

소소한 생활 속에서도 그걸 믿으면서 그렇게 체험하면서 가야 합니다. 안돼도 그 근본 자기 주인이 하는 거, 잘돼도 그놈이 하는 걸로 믿어야 하는 거지, 이유가 많고 자꾸 그러다 보면 언제 그게 실천에 옮겨지고 그러겠습니까. 내 마음을 진짜로 믿고 거기다 놓아야 이 내 몸을 구성하고 있는 모든 세포들한테도 통신이 되지 그렇지 않으면 통신이 안됩니다. 절대적으로 믿지 않으면 통신이 되질 않습니다. 통신이 되질 않으니까 작용을 못해 주죠. 안에서는 안의 작용을 하고, 바깥으로는 이 세포들이 바깥으로 모두 나투면서 마음 조절을 하면서 작용을 해 주는데, 이건 신호가 들어가지 않는데 무슨 작용이 됩니까? 그러니까 잘되는 것도 내 마음의 법, 못되는 것도 내 마음의 법이니, 믿으려면 믿고 안 믿으려면 안 믿고, 그것도 자유입니다.

생사를 걸고 건너야 할 강

우리는 모두 자유를 찾아야 합니다. 내가 배가 고파 죽겠는데, 누가 잘 먹는 사람이 대신 먹어 준다고 해서 내 배가 부르진 않습니다. 대신 먹어 주는 건 공덕이 하나도 없고 영원히 그 무명의 굴레에서 빠져나오지 못합니다. 그러니깐 뭐든지 그 불성이라는 불바퀴에 그냥 놔 버리는 겁니다. 놔 버리면 아무거를 다 놔도 불바퀴에서는 타 버리게 돼 있습니다. 오면 무조건 타 버리고 놓으면 타 버리고, 믿고 놓으면 무조건 그것이 타 버리고 무조건 다시 생산이 되는 겁니다. 내 마음이 금이면 금이 생산이 될 거고, 무쇠라면 무쇠가 생산될 거고, 넝마라면 넝마가 생산될 것입니다. 그러니까 얼마나 자유스러운 부처님 법입니까.

그러니 무명의 굴레에서 빠져나올 수 있는 그 한군데에 생사를 다 걸어야 합니다. 모든 것을 그렇게 걸면 내가 지고 나온 그것들이 다 녹아지는 것입니다. 과거의 업이라든가 유전이라든가 인과응보라든가 이런 것이 거기다 맡겨 놓을 때 거기서 자꾸자꾸 녹게 됩니다. 내가 종으로 한평생 지고 가야 할 그런 것도, 그런 종 문서도 그냥 태워 버릴 수가 있는 것이 이 마음의 법, 부처님의 법입니다. 인간으로 태어났으면 한 번쯤은 이 백지장을 뚫어 나와 남을 다 건져 줄 수 있는 그런 사람이 되어야 하는 것이 우리가 이 인간의 몸을 받아 나온 본의本意일 것입니다.

이렇게 이 부처님 법이 엄청난 공부인데, 자기 몸뚱이 자기 정신은 다 팽개치고 딴 형상에다가 빌고 기도하고 그럴 수는 없는 겁니다. 아무리 소중하다 해도 자기로부터 소중한 게 있는 거지 자기가 없는데 무슨 소중한 게 있겠습니까? 하여튼 지금은 잘 모르겠다 하지만 그 모르는 나로부터 알게 되고, 알아서 가게 되면 진짜로 자유스럽게 살 수 있다는 사실을 꼭 아셨으면 합니다.

제 4 장 불자 예절과 뜻으로 본 불교 용어

Ⅰ. 불자 예절 315

Ⅱ. 뜻으로 본 불교 용어 319

Ⅰ. 불자 예절

예절, 내 마음의 표현

사찰은 들어서는 문에서부터 현판에 쓰여진 글자 한 자에 이르기까지 모든 구조물과 조형물에 부처님께서 깨치신 경지와 그 뜻, 자기 내면의 불성을 찾아가는 길을 표현하고 있다. 그러므로 사찰에서 만나게 되는 모든 것들을 통해 우리는 부처님의 설법을 듣고 있는 것과 같다. 사람들은 절에 들어서는 순간, 바깥에서 일어났던 들끓는 마음들을 내려놓고 자신의 내면으로 귀의하고자 한다. 내가 말하고 행동하는 것이 모두 내 마음의 표상이라는 것을 알고 조심스럽게 행동하고 자비롭게 마음을 써 하루빨리 내면의 눈을 뜨기 위한 계기로 삼아야 한다. 그것이 곧 생활 속의 실천 수행이다.

부처님 전에 참배할 때

1. 몸과 마음을 청정히 하고 공양물이나 보시금을 준비한다. 모든 이들이 함께 불법 만나 공부할 수 있기를 발원하는 정성의 표시이므로 보시금은 깨끗한 봉투에 담고 공양물일 경우는 불기에 담아 정성스럽게 올린다.
2. 요란스럽거나 노출이 심한 복장은 피하며 절 문(일주문)에 들어서면 마음을 청정하게 가다듬고 법당을 향해 합장 반배한다.

3. 절에 들어서면 제일 먼저 법당으로 올라가 부처님 전에 참배한다. 도중에 스님들을 만나면 공손히 비켜서서 반배하고 불자들 간에도 반배로 예를 표한다.
4. 법당에 들어갈 때는 사찰의 조실 스님이나 큰스님이 사용하는 정면의 큰 문(어간문)으로 들어가지 않으며 측면의 작은 문을 사용한다.
5. 법당에서는 맨 먼저 부처님을 모신 상단에 예배해야 한다. 전통 사찰에는 신중을 모신 신중단과 망자亡者를 모신 하단이 있는데 반드시 상단에 먼저 예를 올려야 한다. 예를 올릴 때는 불단의 정중앙에서 하지 않고 오른편이나 왼편에서 한다.
6. 상단에 예배할 때는 먼저 반배를 올리고 난 후 부처님 전에 나아가 보시금이나 공양물을 올린 후 촛불을 켜고 향을 사른 다음 되돌아와 삼 배를 올린다. 이미 촛불이 켜져 있으면 그냥 삼 배만 올리며 향 또한 하나만 사르도록(일주향一炷香) 한다.
7. 예불 의식이나 법회 의식이 진행되고 있는 중간에는 초향을 켜거나 공양물을 상단에 올리는 일을 삼가하며 다른 사람들에게 방해가 되지 않도록 일 배를 올리면서 그대로 자리에 앉는다.
8. 나올 때 법당에 아무도 없으면 반드시 촛불을 끈다.

사찰에서의 생활 예절

1. 법당에 참배 후 스님을 찾아뵙는데, 법을 가르쳐 주심을 감사히 여기고 열심히 공부해 나갈 것을 다짐하는 마음으로 큰스님께는 큰절로 삼 배를 올리며 보통의 경우는 일 배를 정성스럽게 올린다.
2. 경내에서 스님이나 불자들과 만날 때 항상 합장으로 인사함으로써, 마음을 모으고 일체 생명과 둘이 아닌 하나라는 합장의 뜻을 생활 속에서 되새긴다.
3. 경을 독송하거나 예경문을 합송할 때 다른 사람들과 보조를 맞춘다. 너무 소리를 크게 한다든가 늦거나 빠르지 않도록 한다.
4. 도량 내에서는 음주, 흡연, 고성방가를 하지 않으며 이야기를 나눌 때도 언동을 경건하게 하고, 속된 이야기나 비방하는 말을 하는 자기 마음을 되돌아보고 삼가한다.
5. 절에서 자게 될 때는 취침과 기상, 공양 시간을 사찰의 시간에 맞추고 예불시에는 반드시 참석하여 마음을 게을리하지 않는다.
6. 나의 작은 수고로 많은 사람들이 편안함을 누리는 공덕이 되는 청소나 공양간에서의 울력 등에 적극적으로 참여한다.
7. 도량 내의 물건은 모두 시주물이므로 절약하여 아껴 쓰면서 함께 나누는 마음을 배운다.

8. 법당에 들어서기 전 반드시 핸드폰 전원을 확인하여 다른 사람들에게 방해가 되지 않도록 한다.

Ⅱ. 뜻으로 본 불교 용어

– 대행 스님 –

불교 佛教

불佛은 바로 영원한 자기의 불성을 말하니 영원한 생명의 근본이 되는 것입니다. '불' 이라는 건 생명을 뜻하고 '교教' 라는 건 서로 전달하고 말하고 돌아가는 것을 말합니다. 그렇기 때문에 생활 자체가 그대로 불교입니다. 우리가 죽고 살고 생활하고 이러는 것이 모두 그냥 그대로 불교이며 종교입니다.

불교라는 것은 바로 여러분 자체가 불교입니다. 여러분 하나하나가, 전체가 다 불성을 가진 '불佛' 이라고 하는 뜻이고, 우리가 이렇게 말하고 살아가는 이 자체가 '교教' 가 되기 때문에 여러분이 불교 아님이 없고 만물만생이 다 불교 아닌 게 없어서 만나면 만나는 대로 그대로 같이 돌아가는 것입니다.

자성삼보 自性三寶

자성삼보에 귀의할 줄 알아야 불佛·법法·승僧에 귀의할 줄도 알게 됩니다. 즉 말하자면 과거에 살던 자기와 현재의 자기 한생각과, 자기 한생각의 움죽거림, 이것이 자성삼보입니다. 가만히 있는 자기의 무심無心과 생각을 내는 마음과 생각을 내면 몸이 움죽거리는 그것이 삼합이 한데 합쳐서 돌아가니까 바로 자성삼보입니다.

그 자성삼보에 진짜로 귀의해서 그 도리를 알면 불·법·승이 다 한데 합쳐서 내 자성삼보와 둘이 아니라는 뜻이 됩니다.

합장

부처님의 몸은 내 몸이요, 그 마음은 내 마음이요, 그 생명은 내 생명이니 모든 게 둘이 아닌 까닭에 이렇게 손을 한데 모으는 것입니다. 둘이 아니라는 뜻입니다. 다섯 손가락을 한데 합치는 것은 이 '오온의 진리를 한데 합쳐서 내가 이렇게 하나로 받듭니다.' 하는 뜻입니다. 위로 모시다 보면 아래로 떨어질 수도 있지만 평등하게 내 자체로 둘이 아니게 믿으면 아주 영원히 둘이 아닌 그 뜻을 가지고 있습니다.

절

절을 하는 것은 이 마음을 한데 모은다는 뜻입니다. 보이는 세상과 안 보이는 세상이 한데 합쳐서, 정신세계와 물질세계가 한데 합쳐서 작용을 하는 그런 마음으로 올리는 것이 절입니다. 절할 때 손을 이렇게 받들어 올리는 것은 내 주인공을 극진히 받든다는 뜻입니다. 바깥의 부처님을 받드는 게 아니라 내 자부처를 받든다는 뜻입니다.

절을 하는 것은 과거심 현재심 미래심 이것을 한데 합쳐서 삼세심에 그 절을 하는 것입니다. 그런데 알고 보면 과거도 미래도 현재도 바로 일심으로 돌아가니까 급하면 그냥 일정례로 마치는 것도 온당합니다. 일 배를 해도 삼 배가 되는 것입니다. 천 번을 절을 하는 것도 하나요, 한 번을 하는 그것도 하나입니다. 시간적으로 따지지 않고 숫자를 따지지 않고 시공을 초월해서 본다면 그냥 하나입니다.

삼 배

법당에 들어오면 스님의 마음과 부처님의 마음과 자기의 마음 모든 것을 그 마음에다가 다 같이 넣고 둥글려서 합장배례를 하고 삼 배를 올립니다. 일체의 마음이 둘이 아닌 데다가 일 배를 올리고, 또 일체 만물이 돌아가는 일체 법에다 한 번 올리고, 일체 승僧에다 일 배를 올립니다. 이건 고정된 게 없이 같이 돌아갑니다. 확고부동하게 믿음을 가지고 마음을 이렇게 둥글려서 정성을 지극하게 해서 올리는 것입니다.

천상천하 유아독존 天上天下 唯我獨尊

일체 부처님의 마음은 자유자재권을 가져서, 이것도 내가 되고 이것도 내가 되고 천차만별의 것이 다 내가 아니 되는 게 없기 때문에, 아니 높은 게 없다는 사실을 그대로 밝힌 것이 '천상천하 유아독존' 입니다. 그런데 때로는, 내가 높다고 말씀한 것으로 아는 사람이 많기 때문에 문제가 되는 것입니다. 곤충의 소굴에서는 곤충이 높은 거고, 어느 것 하나도 낮다고 해서 쓰지 못하는 것이 없이 모두가 당신 아님이 없기 때문에, 농사꾼은 농사꾼대로 높고 또는 노동꾼은 노동꾼대로 높고 거지는 거지대로 높고, 일체가 다 만물만생이 제가끔 높다는 그것을 '모두가 천상천하에 유아독존이라.' 라고 말씀하신 것입니다.

부처와 중생

부처님이 마음내시는 것이 문수고 움죽거리는 것이 바로 보현입니다. 부처님 마음 한군데서 일체제불 일체 조사가 나오고 일체 중생이 나오는 것이지 딴 데서 나오는 것이 없습니다. 마음 빼놓고 어디에 있겠습니까? 그러니까 중생들 마음속에서 부처가 나오고 그 부처 속에서 중생이 나옵니다. 그래서 '중생과 부처는 둘이 아니니라.' 하신 것입니다.

상구보리 하화중생

위로는 자기 주인공을 섬기고 아래로는 자기 중생들, 업식을 제도하는 것입니다. 지금 우리가 공부하는 것이 전부 업식을 제도하기 위해서고 위로는 자기 주인공을 발견하기 위해서 하는 것입니다. 나부터, 이 주인공 부처와 이 업식 중생들을 둘이 아니게끔 한마음으로 뭉쳐놔야 이게 털구멍을 통해서 들고 나면서 전부 작용을 해 주는 것입니다.

중용

뿌리 없는 나무는 없으니까, 뿌리로서만이 살 수 있으니까 뿌리에다 놓는 것이 바로 중용입니다. 모든 것이 뿌리에서 나옴으로써 싹도 있듯이, 주인공 그 자체의 뿌리가 있기 때문에 몸이 있는 겁니다. 몸이 있으니까 움죽거리고 있고 그러니까 그 중심 주인공에 모든 것을 맡겨 놓고 그대로 자기 생각 돌아가는 대로 그대로 밀고 나가는 것이 바로 중용입니다. 이리로 저리로 치우치지도 않고, 이리로 집착을 한다 하더라도 집착이 아니요, 저리로 집착을 한다 하더라도 집착이 아니요, 망상이 나온다 하더라도 망상이 아니요, 모든 게 그 속에서 나오는 거니까 그 속에다 되놓고 활발하게 인연에 따라서 활용해라 하는 것입니다.

중용을 한다는 것은 자기 불바퀴를 마음대로 굴릴 수 있고, 법바퀴를 마음대로 굴릴 수 있고 물바퀴를 마음대로 굴릴 수가 있다는 뜻입니다. 마음의 의식이란 것은 찰나찰나 바뀌어서 화할 수가 있으니 한 찰나에 한생각이, 그 한생각이 수천수만이 될 수도 있고, 하나도 없을 수도 있고, 하나일 수도 있고 그렇기 때문에 이 시간과 공간이 초월돼서 닥치는 대로 자기가 중용을 할 수 있다는 말입니다.

공덕과 복덕

공덕이란, 전체가 마음과 마음이 통해서 서로서로 빈 데를 도와주는 그 자체, 모두 합해서 뭉쳐서 너 나가 없이 내 아픔도 둘이 아니게 서로가 알고 해 주는 그런 마음 자체가 바로 공덕입니다. 내가 기복으로 기도를 하고 정성을 들이고 시주를 함으로써 생긴 복덕은 우리 사는 데에 아주 기간이 짧은 복에 해당이 됩니다. 그러나 복덕하고 공덕은 천지차이입니다. 복덕은 잠시 잠깐 그저 불을 반짝 켜 주다가 불이 꺼지는 거와 같습니다. 그러나 공덕은 세세생생입니다. 꺼진다 켜진다 이런 도리가 아닌, 무명의 굴레에서 벗어나서 세세생생의 밝음의 세계로 우리를 이끌어 주는 것이 공덕입니다.

청정

청정하다는 것은 더러운 것이나 깨끗한 것이나, 또 유有의 법이나 무無의 법이나 모든 거를 평등하게 가질 수 있어야만이 청정한 것입니다. 깨끗한 것만 얹어 놨다고 해서 청정한 것이 아니라 더럽고 깨끗한 것이 없는 것, 부처다 중생이다 그것이 둘이 아닌 것, 여자다 남자다, 동쪽이다 서쪽이다 하는 것이 둘이 아닌 것이 청정한 것입니다.

방생

마음 한생각을 잘 내 주는 것이 방생입니다. 몸뚱이를 가지고는 한계가 있어서 건져 줄 수가 없습니다. 물질적인 건 한계가 있습니다. 다른 사람에게 애석한 일이 있든 없든, 이 마음 도리를 공부하는 데에 전력을 다해서 이끌어 주고, 아는 사람이 있으면 아는 사람대로 이끌어 주는 그것이 바로 방생이자 자비이자 보살행입니다.

이런 마음의 공부를 하면서 모든 걸 함이 없이 주는 것이 방생이요 자비요 사랑입니다. 그런데 그것이 모두가 자기한테 하는 것입니다. 우연히도 없고 공짜도 없습니다. 모두가 자기한테 가는 것일 뿐입니다. 그것이 진정으로 도와주는 일입니다.

참선

이 모든 삶을 사는 것이 '나' 가 사는 것이 아니라 전체 포함해서 돌아가는 길인데 인연에 따라서 업식이 돼서 나한테 자꾸 연관성이 돼서 유전이나 업보가 되는 거니까 이런 거 모두를 '아니다, 인간으로 태어나서 이 모습을 가지고 공부할 수 있는 길을 인도하기 위해서 나한테 이 공부할 수 있는 재료가 생긴 거다. 업보가 붙어서 그런 게 아니고 병고가 붙어서 그런 게 아니고, 고맙게도 감사하게도 이렇게 내가 공부할 수 있는 재료가, 이끌어 주는 재료가 주어진 거다.' 하고 이 재료를 가지고 나는 관찰하고 거기다가 놓고, 내 마음의 주인한테다 맡겨 놓고 관찰하면서 실험하면서, 지켜보고 체험하면서 돌아가는 것이 바로 참선입니다.

평등공법 활궁공법 수레공법

마음은 실체가 없기 때문에 이 마음의 도리로 빨리 바꿔 놓는 것이 활궁공법입니다. 칠보활궁공법은 우리가 마음을 내서 보배로운 생산을 한다는 뜻입니다. 그래서 지혜 있게 돌아가게 하는 것이 바로 수레공법입니다. 가만히 있으면 부처다 하는 건 평등공법입니다. 악과 선을 흡수해서 둘 아니게 응용한다면 그것이 평등공법이니 일체 평등공법으로 대치를 해 나갈 때 남을 이익하게 할 수 있고 천차만별로 나가는 갈래갈래를 다 흡수할 수 있는 그런 무기가 되고 보배가 되는 것입니다.

삭발

이 세상만사가 천자만별로 고정됨이 없이 무상하게 돌아가니 무명초를 다 깎아 버리고 그릇을 비운다는 뜻에서 삭발을 합니다. 이 세상 모든 그 부조리한 무명초를 다 깎아 버려도 또 나오는 것이 정상입니다. 깎아 버리고 아주 안 난다면 정상이 아닙니다. 그러니 나고 또 깎고 하는 뜻은 우리가 한 발짝 딛고 또 딛고, 이렇게 끝없이 이어지는 것을 말합니다. 이 모든 살아나가는 게 찰나찰나 바뀌고 화해서 나투니, 지나간 것도 없고 앞으로 다가올 것도 없고 그대로 영원한 오늘이고 그 오늘도 공空했으니 그대로 충실하게 하루하루 하루살이로 살아라 하는 뜻입니다.

승복, 가사와 장삼

승복이라는 것은 검지도 않고 희지도 않고 언제나 조건 없는 사랑을 할 수 있는 중용, 중도를 말하는 것입니다. 뜻으로 따지게 되면 얼마나 귀중한 옷이고 얼마나 귀중한 우리의 삶인지 모릅니다.

들어갔던 구멍으로 다시 나오게끔 만들어 놓은 것이 스님들의 가사입니다. 들어갔던 그 구멍으로 다시 나오게끔 한 구멍으로 뚫어 놨지, 두 구멍을 뚫어 놓은 게 없습니다. 이것은 인간의 마음에 그 통로가 있어서 이 우주를 다 한 바퀴 돌고 그 구멍으로 다시 나오게끔, 콩 한 알갱이가 들어가서 다시 돌아서 다시 그 구멍으로 나오게끔 만든 거라고 나는 생각합니다. 가사를 수할 때는 팔에다 접어서 걸칩니다. 그러면 이 손은 항상 가슴에 두게 됩니다. 그 뜻은 항상 떨어트리지 않게 하기 위해서 이렇게 하는 것이 첫째고, 두번째는 항상 내 마음속에 계시다는 뜻입니다.

또한 스님들이 장삼을 입는 뜻은, 기억력 있고 물리가 터져서 지혜롭게 일체 중생을 나와 같이 하나도 버림 없이 포용하라는 뜻을 가지고 장삼을 입는 것입니다.

제5장
법회의식곡 · 선법가

Ⅰ. 법회의식곡 331
Ⅱ. 선법가 337

삼 귀 의

최 영 철 작곡

불교도의 노래

서 정 주 작사
김 동 진 작곡

한마음선원가

차 종 명 작사
김 용 호 작곡

보통 빠르기로 경건하게

청법가

이 광 수 작사
이 찬 우 작곡

사홍서원

최 영 철 작곡

산회가

운문스님 작사
정 민 섭 작곡

일체제불의 마음

대행스님 게송
김 용 호 작곡

임의 소식

대행스님 게송
김 동 환 작곡

부처님 오신 날도 영원한 오늘일세

대행스님 계송
김 용 호 작곡

보통 빠르기로

누가 하는가요

대행스님 게송
변 규 백 작곡

굿거리 장단

선종관문 알아 보세

대행스님 게송
윤 형 원 작곡

내 마음의 주인

대행스님 계송
변 규 백 작곡

보통 빠르기로

내가 없는 이름의 노래

대행스님 게송
김 동 환 작곡

조금 느리게

삼세가 둘 아닌 노래

대행스님 게송
김 동 환 작곡

조금 느리게

공심 공체 둘 아닌 노래

대행스님 게송
김 동 환 작곡

느린 걸음걸이의 빠르기로

그 마음 그대로

대행스님 게송
박 이 제 작곡

조금 느리고 경건하게

고 맑 고 청 - 정 한 마 - 음 이 마 - 음
고 육 근 의 - - 작 용 - - 이 걸 - 리
이 생 - 기 면 부 처 는 저 절 - -
지 않 - 으 면 중 생 이 바 - - -
로 나 - 타 나 - - 는 것 이 다
로 부 - 처 가 - 되는 것 이 다
청 산 은 말 이 없 고 -
유 - 수 는 터 가 없 는
데 - -
자 연 과 같 이
마 음 이 정 중 하 여
변 치 않 으 면
그 - 마 음 그 - 대 로
1.
부 처 이 시 네
2.
부 처 이 시 네
부 처 이 시 네
- 부 처 이 시 네

삼세심을 전달하니

대행스님 게송
청 태 작곡

약간 느리게

해수관음의 빛

대행스님 계송
박 이 제 작곡

느린 걸음걸이의 빠르기로 경건하게

푸르게 살라

대행스님 계송
박 이 제 작곡

대 장 부 I

대행스님 게송
서 윤 재 작곡

부 록

• 보왕삼매론 355

• 참선곡 358

보왕삼매론 寶王三昧論

- 묘협 스님 -

몸에 병 없기를 바라지 말라.
몸에 병이 없으면 탐욕이 생기기 쉽나니, 그래서 성인이 말씀하시되 '병고로써 양약을 삼으라.' 하셨느니라.

세상살이에 곤란함이 없기를 바라지 말라.
세상살이에 곤란함이 없으면 업신여기는 마음과 사치한 마음이 생기나니, 그래서 성인이 말씀하시되 '근심과 곤란으로써 세상을 살아가라.' 하셨느니라.

공부하는 데 마음에 장애 없기를 바라지 말라.
마음에 장애가 없으면 배우는 것이 넘치게 되나니, 그래서 성인이 말씀하시되 '장애 속에서 해탈을 얻으라.' 하셨느니라.

수행하는 데 마魔가 없기를 바라지 말라.
수행하는 데 마가 없으면 서원이 굳건해지지 못하나니, 그래서 성인이 말씀하시되 '모든 마군으로써 수행을 도와주는 벗을 삼으라.' 하셨느니라.

일을 도모하되 쉽게 되기를 바라지 말라.
일이 쉽게 되면 뜻을 경솔한 데 두게 되나니, 그래서 성인이 말씀하시되 '여러 겁을 겪어서 일을 성취하라.' 하셨느니라.

친구를 사귀되 내가 이롭기를 바라지 말라.
내가 이롭고자 하면 의를 상하게 되나니 그래서 성인이 말씀하시되 '순결로써 사귐을 깊게 하라.' 하셨느니라.

남이 내 뜻대로 순종해 주기를 바라지 말라.
남이 내 뜻대로 순종해 주면 마음이 스스로 교만해지나니, 그래서 성인이 말씀하시되 '내 뜻에 맞지 않는 사람들로써 원림園林을 삼으라.' 하셨느니라.

공덕을 베풀려면 과보를 바라지 말라.
과보를 바라면 도모하는 뜻을 가지게 되나니, 그래서 성인이 말씀하시되 '덕을 베푸는 것을 헌신처럼 버리라.' 하셨느니라.

이익을 분에 넘치게 바라지 말라.
이익이 분에 넘치면 어리석은 마음이 생기나니, 그래서 성인이 말씀하시되 '적은 이익으로써 부자가 되라.' 하셨느니라.

억울함을 당해서 밝히려고 하지 말라.
억울함을 밝히면 원망하는 마음을 돕게 되나니, 그래서 성인이 말씀하시되 '억울함을 당하는 것으로써 수행하는 문을 삼으라.' 하셨느니라.

이와 같이 막히는 데서 도리어 통하는 것이요, 통함을 구하는 것이 도리어 막히는 것이니, 이래서 부처님께서는 저 장애 가운데서 보리도를 얻으셨느니라.

저 '앙굴마라' 와 '제바달다' 의 무리가 모두 반역의 짓을 했지만 우리 부처님께서는 모두 수기를 주셔서 성불하게 하셨으니, 어찌 저의 거슬리는 것이 나를 순종함이 아니며 제가 방해한 것이 나를 성취하게 함이 아니리요.

요즘 세상에 도를 배우는 사람들이 만일 먼저 역경에서 견디어 보지 못하면 장애에 부딪칠 때 능히 이겨내지 못해서 법왕의 큰 보배를 잃어버리게 되나니, 이 어찌 슬프지 아니하랴!

* 보왕삼매론은 수행 과정에서 나타나는 장애를 오히려 좋은 계기로 삼고 극복하기 위한 10가지 지침을 담고 있는 글로서 「보왕삼매염불직지」 제17편에 실린 십대애행十大礙行에서 발췌한 내용이다. 중국 명나라 초기의 묘협스님이 지었다.

참선곡 參禪曲

– 경허 스님 –

홀연히 생각하니 도시몽중都是夢中이로다. 천만고千萬古 영웅호걸 북망산 무덤이요, 부귀문장富貴文章 쓸데없다, 황천객을 면할소냐. 오호라, 이 내 몸이 풀 끝의 이슬이요 바람 속의 등불이라.

삼계대사三界大師 부처님이 정녕丁寧히 이르시되, 마음 깨쳐 성불하여 생사윤회 영단永斷하고 불생불멸不生不滅 저 국토에 상락아정常樂我淨 무위도無爲道를 사람마다 다 할 줄로 팔만장교八萬藏敎 유전遺傳이라, 사람 되어 못 닦으면 다시 공부 어려우니, 나도 어서 닦아 보세.

닦는 길을 말하려면 허다히 많건마는 대강 추려 적어 보세. 앉고 서고 보고 듣고 착의끽반着衣喫飯 대인접화對人接話 일체처一切處 일체시一切時에 소소영영昭昭靈靈 지각知覺하는 이것이 무엇인고.

몸뚱이는 송장이요, 망상번뇌 본공本空하고 천진면목天眞面目 나의 부처, 보고 듣고 앉고 눕고 잠도 자고 일도 하고 눈 한 번 깜짝할 제 천리만리 다녀오고 허다한 신통묘용神通妙用 분명한 나의 마음 어떻게 생겼는고?

공한 마음 믿고 관해 고양이가 쥐 잡듯이, 주린 사람 밥 찾듯이 목마를 때 물 찾듯이, 육 · 칠십 늙은 과부 외자식을 잃은 후에 자식 생각 간절하듯, 생각 생각 잊지 말고 깊이 궁구窮究하여 가되 일념만년一念萬年 되게 하여 폐침망찬廢寢忘饌할 지경地境에 이르면 대오大悟하기 가깝도다.

홀연히 깨달으면 본래 생긴 나의 부처 천진면목 절묘하다. 아미타불 이 아니며 석가여래 이 아닌가? 젊도 않고 늙도 않고 크도 않고 작도 않고 본래 생긴 자기 영광自己 靈光 개천개지盖天盖地 이러하고 열반진락涅般眞樂 가이 없다. 지옥 천당 본공本空하고 생사윤회生死輪廻 본래 없다.

선지식善知識을 찾아가서 요연了然히 점검받아 다시 의심 없앤 후에 세상만사世上萬事 망각忘却하고 수연방광隨緣放曠 지나가되 빈 배같이 떠돌면서 유연중생有緣衆生 제도濟度하면 보불은덕報佛恩德이 아닌가.

일체 계행一切 戒行 지켜 가면 천상인간 복수福壽하고 대원력大願力을 발하여서 항수불학恒隨佛學 생각하고, 동체대비同體大悲 마음먹어 빈병걸인貧病乞人 괄시恝視 말고, 오온색신五蘊色身 생각하되 거품같이 관觀을 하고, 바깥으로 역순경계逆順境界 몽중夢中으로 관찰觀察하여 해태심懈怠心을 내지 말고, 허령虛靈한 나의 마음 허공虛空과 같은 줄로 진실히 생각하여 팔풍오욕八風五慾 일체 경계一切境界 부동不動한 이 마음을 태산같이 써 나가세.

허튼 소리 우스개로 이날 저날 다 보내고 늙은 줄을 망각妄覺하니 무슨 공부 하여 볼까. 죽을 때 고통 중에 후회한들 무엇하리. 사지백절四肢百節 오려 내고 머릿골을 쪼개는 듯 오장 육부 타는 중에 앞길이 캄캄하니 한심참혹寒心慘酷 내

노릇이 이럴 줄을 뉘가 알꼬.

이 지옥地獄과 저 축생畜生의 나의 신세 참혹하다. 백천만겁 차타蹉打하여 다시 인신人身 망연茫然하다. 참선參禪 잘한 저 도인道人은 서서 죽고 앉아 죽고 앓도 않고 선세蟬兌 하며, 오래 살고 곧 죽기를 마음대로 자재自在하며, 항하사수恒河沙數 신통묘용 임의쾌락任意快樂 소요하니 아무쪼록 이 세상에 눈 코를 쥐어뜯고 부지런히 하여 보세. 오늘 내일 가는 것이 죽는 날에 당도當到하니 푸줏간에 가는 소가 자욱자욱 사지死地로세.

예전 사람 참선參禪할 제 마디 그늘 아꼈거늘 나는 어이 방일防逸하며, 예전 사람 참선할 제 잠 오는 것 성화하여 송곳으로 찔렀거늘 나는 어이 방일防逸하며, 예전 사람 참선할 제 하루 해가 가게 되면 다리 뻗고 울었거늘 나는 어이 방일防逸한고.

무명업식無明業識 독한 술에 혼혼불각昏昏不覺 지내 가니 오호라, 슬프도다. 타일러도 아니 듣고 꾸짖어도 조심 않고 심상尋常히 지내 가니 혼미昏迷한 이 마음을 어이하여 인도引導할꼬. 쓸데없는 탐심貪心 진심瞋心 공연空然히 일으키고 쓸데없는 허다분별許多分別 날마다 분요紛擾하니 우습도다, 나의 지혜, 누구를 한탄할꼬. 지각知覺 없는 저 나비가 불빛을 탐貪하여서 제 죽을 줄 모르도다. 내 마음을 못 닦으면 여간계행如間戒行 소분복덕少分福德 도무지 허사虛事로세. 오호라, 한심하다.

이 글을 자세히 보아 하루도 열두 때며 밤으로도 조금 자고 부지런히 공부하소. 이 노래를 깊이 믿어 책상 위에 펴놓고 시시때때 경책警責하소. 할 말을 다하려면 해묵서이부진 海墨書而不盡이라, 이만 적고 끝내오니 부디부디 깊이 아소. 다시 할 말 있사오니 돌장승이 아이 낳으면 그 때에 말하리라.

본원 및 국내지원

- **안양본원** : (우)13908 경기도 안양시 만안구 경수대로 1282(석수동)
  TEL:(031)470-3100 FAX:(031)470-3116
- **광명선원** : (우)27638 충청북도 음성군 금왕읍 대금로 1402
  TEL:(043)877-5000 FAX:(043)877-2900
- **제주지원** : (우)63308 제주특별자치도 제주시 황사평6길 176-1(영평동)
  TEL:(064)727-3100 FAX:(064)727-0302
- **부산지원** : (우)49113 부산광역시 영도구 함지로 79번길 23-26(동삼동)
  TEL:(051)403-7077 FAX:(051)403-1077
- **광주지원** : (우)61965 광주광역시 서구 운천로 204번길 23-1(치평동)
  TEL:(062)373-8801 FAX:(062)373-0174
- **울산지원** : (우)44200 울산광역시 북구 달래골길 26-12(천곡동)
  TEL:(052)295-2335 FAX:(052)295-2336
- **대구지원** : (우)42152 대구광역시 수성구 수성로 41길 76(중동)
  TEL:(053)767-3100 FAX:(053)765-1600
- **중부경남지원** : (우)50871 경상남도 김해시 진영읍 하계로 35
  TEL:(055)345-9900 FAX:(055)346-2179
- **진주지원** : (우)52602 경상남도 진주시 미천면 오방로 528-40
  TEL:(055)746-8163 FAX:(055)746-7825
- **공주지원** : (우)32522 충청남도 공주시 사곡면 위안양골길 157-61
  TEL:(041)852-9100 FAX:(041)852-9105
- **포항지원** : (우)37635 경상북도 포항시 북구 우창로 59(우현동)
  TEL:(054)232-3163 FAX:(054)241-3503
- **청주지원** : (우)28540 충청북도 청주시 청원구 교서로 109
  TEL:(043)259-5599 FAX:(043)255-5599
- **강릉지원** : (우)25565 강원도 강릉시 하평5길 29(포남동)
  TEL:(033)651-3003 FAX:(033)652-0281
- **통영지원** : (우)53021 경상남도 통영시 광도면 조암길 45-230
  TEL:(055)643-0643 FAX:(055)643-0642
- **목포지원** : (우)58696 전라남도 목포시 백년대로 266번길 31-1(상동)
  TEL:(061)284-1771 FAX:(061)284-1770
- **문경지원** : (우)36937 경상북도 문경시 산양면 봉서1길 10
  TEL:(054)555-8871 FAX:(054)556-1989

국외지원

- **미국 뉴욕지원**(NewYork) : 144-39, 32 Ave. Flushing, NY 11354, USA
  TEL:(직통)070-7883-5239 TEL:(1-718)460-2019
- **미국 워싱톤지원**(Washington D.C.) : 7807 Trammel Rd. Annandale, VA 22003, USA TEL:(1-703)560-5166 FAX:(1-703)560-5166
- **미국 로스엔젤레스지원**(Los Angeles) : 1905, S. Victoria Ave. L.A., CA 90016, USA TEL:(1-323)766-1316 hanmaumla@naver.com
- **미국 시카고지원**(Chicago) : 7852 N. Lincoln Ave. Skokie, IL 60077, USA
  TEL:(1-847)674-0811
- **캐나다 토론토지원**(Toronto) : 20 Mobile Drive North York, Ontario M4A 1H9 CANADA TEL:(1-416)750-7943
- **아르헨티나 부에노스 아이레스지원**(Buenos Aires) : Miró 1575, CABA, C1406CVE, República Argentina TEL:(54-11)4921-9286 hanmaumbsas@hotmail.com
- **아르헨티나 뚜꾸만지원**(Tucumán) : Av. Aconquija 5250, El Corte, Yerba Buena, Tucumán, T4107CHN, República Argentina TEL:070-7554-1402 TEL:(54-381)425-1400
- **독일지원**(Germany): Broicherdorf Str. 102, 41564 Kaarst, Germany
  TEL:070-7844-8844 TEL:(49-2131)969551 FAX:(49-2131)969552
- **태국지원**(Thailand): 86/1 Soi4 Ekamai, Sukhumvit 63, Bangkok, Thailand
  TEL:070-8258-2391 TEL:(66-2)391-0091
- **브라질 상파울로지원**(Brasil): R. Newton Prado, 540 - Bom Retiro - Sao Paulo - CEP:01127-000 - Brasil TEL:(55-11)97713-205

한마음선원 출간 도서

허공을 걷는 길

30여 년에 걸쳐 설하신 대행 스님의 방대한 법문을
육성 그대로 생생하게 담아낸 법문 전집.
정기법회분 / 법형제법회분 / 국내지원법회분 /
국외지원법회분 / 일반법회분 등 총 16권이 나왔으며
행사법회, 특별법회 등이 계속 출간될 예정이다.

한마음요전

대행 스님의 행장기 · 법어 · 게송 · 선시의 집대성으로
마음의 원리, 활용, 수행의 요체 등
스님 가르침의 핵심을 만날 수 있다.

삶은 고苦가 아니다 · 자유인의 길

삶에 지친 사람들에게, 불법이 무엇인지 모르는 초심자들에게
전하는 자신의 삶 속에서 실천해 가는 생활 불법의 진수

다만 그윽한 마음을 내라

스님의 선원 개원 초기 법문에서 발견한
인생의 나침반이 되어줄 금언 모음집

한마음저널 : 스님들과 신도들의 마음공부 이야기를 담은 격월간 신행 포교지

마음꽃 : 부모님도 함께 보는 월간 어린이 인성 교육 잡지

외국어 번역 도서

만가지 꽃이 피고 만가지 열매 익어

(한영합본 : A Thousand Hands of Compassion)

대행 스님의 한글 뜻풀이를 통해 아름다운 선시 禪詩로 재탄생한 천수경

건널 강이 어디 있으랴

(영어본 : No River to Cross)

일체를 맡겨 놓고 지켜보라는 마음공부의 핵심을 짚어낸
강력한 수행의 길라잡이

생활 속의 참선수행(시리즈)

(한영합본 : Practice in Daily Life; series)

- **1권 : 죽어야 나를 보리라** To Discover Your True Self, "I" Must Die
- **2권 : 함이 없이 하는 도리** Walking Without A Trace
- **3권 : 맡겨 놓고 지켜보라** Let Go And Observe
- **4권 : 마음은 보이지 않는 행복의 창고** Mind, Treasure House Of Happiness
- **5권 : 일체를 용광로에 넣어라** The Furnace Within Yourself
- **6권 : 온 우주를 살리는 마음의 불씨** The Spark That Can Save The Universe
- **7권 : 한마음의 위력** The Infinite Power Of One Mind
- **8권 : 일체를 움직이는 그 자리** In The Heart Of A Moment
- **9권 : 한마음 한뜻이 되어** One With The Universe
- **10권 : 지구 보존** Protecting The Earth
- **11권 : 진짜 통하게 되면** Inherent Connections
- **12권 : 잘 돼야 돼!** Finding A Way Forward
- **13권 : 믿는 만큼 行한 만큼** Faith In Action
- **14권 : 병을 고치는 최고의 방법** The Healing Power Of Our Inner Light
- **15권 : 내 안에 의사가 있다구요?!** The Doctor Is In
- **16권 : 마음 : 최고의 연금술** Turning Dirt into Gold
- **17권 : 소용돌이 속에서 춤을** Dancing on the Whirlwind

* 한마음선원 홈페이지(www.hanmaum.org) 또는 유튜브(YouTube)의 "한마음선원" 검색을 통하여 보다 많은 마음 공부 자료들을 온라인으로 만날 수 있습니다.

일러두기

* 본 개정판은 기존 신행요전의 기본 골격을 그대로 살렸으며 현재 선원에서 봉행 되고 있는 예불 의식들 위주로 싣고 그 뜻을 설명하는 법문을 덧붙였습니다.

* 예불 의식문에는 대행스님의 뜻풀이와 일반적인 한역이 혼용되어 있습니다.

* 예불 의식문과 경經의 원문은 『한글통일법요집』, 대한불교조계종 포교원, 2006 · 『우리말 법회 요전』, 불광출판사, 2007 · 『불교상용의례집』, 대한불교조계종 교육원, 2016 등을 참고하였습니다.

신행요전 개정판

1987년 10월 30일 초판 발행
2008년 3월 30일 개정 1판 1쇄 발행
2020년 11월 20일 2판 1쇄 발행

엮은이 / (재) 한마음선원 출판부
펴낸이 / (재) 한마음선원
펴낸곳 / (재) 한마음선원

출판등록 2000.12.15. 제 2000-16호
(우)13908 경기도 안양시 만안구 경수대로 1282
전화 (031)470-3100 팩스 (031)470-3116

http://www.hanmaum.org

값 9,000원
ISBN 978-89-91532-26-7 03220

03220
9 788991 532267
ISBN 978-89-91532-26-7